84, CHARING CROSS ROAD

HELENE HANFF

84, Charing Cross Road

TRADUIT DE L'ANGLAIS PAR MARIE-ANNE DE KISCH

Postface de Thomas Simonnet

ÉDITIONS AUTREMENT LITTÉRATURES

Titre original :
84, CHARING CROSS ROAD

Note au lecteur

Cet ouvrage veut être une transcription authentique de la correspondance échangée. Les fautes de graphie et de ponctuation sont intentionnelles et garantissent la fidélité de la transcription.

F.P.D.
In Memoriam

Helene Hanff
14 East 95th St.
New York City

5 octobre 1949

Marks & Co.
84, Charing Cross Road
Londres, W.C.2
Angleterre

Messieurs :

D'après votre publicité dans le *Saturday Review of Literature*, vous êtes spécialisés dans les livres épuisés. L'expression « libraires en livres anciens » m'effraie un peu parce que, pour moi, « anciens » est synonyme de « chers ». Je suis un écrivain sans fortune mais j'aime les livres anciens et tous ceux que je voudrais avoir sont introuvables ici, en Amérique, sauf dans des éditions rares et très chères, ou bien chez Barnes & Noble, qui vend à des prix abusifs des exemplaires très défraîchis et ayant appartenu à des écoliers.

Vous trouverez ci-joint la liste de mes « problèmes » les plus urgents. Si vous avez des exemplaires d'occasion en bon état des ouvrages figurant sur la liste, à moins de 5 dollars pièce, pourriez-vous avoir la bonté de considérer la présente comme une commande et me les faire parvenir ?

Sentiments distingués,

Helene Hanff
(Mlle) Helene Hanff

MARKS & CO., LIBRAIRES
84, Charing Cross Road
Londres, W.C.2

25 octobre 1949

Mademoiselle Helene Hanff
14 East 95th Street
New York 28, New York
USA

Madame,

En réponse à votre courrier du 5 octobre, nous avons réussi à résoudre les deux tiers de vos « problèmes ». Les trois essais de Hazlitt [1] que vous désirez figurent dans les *Essais choisis* des éditions Nonesuch Press et l'essai de Stevenson [2] se trouve dans *Virginibus Puerisque*. Nous vous envoyons un bon exemplaire de chacune de ces œuvres par messagerie, en espérant qu'ils vous parviendront rapidement et sans encombre et vous donneront toute satisfaction. Notre facture est jointe aux livres.

Il ne sera pas aussi facile de trouver les essais de

---

1. William Hazlitt (1778-1830). Essayiste célèbre.
2. Robert Louis Stevenson (1850-1894). Auteur de *L'Île au trésor* et de *Docteur Jekyll et Mister Hyde*, il écrivit aussi de nombreux essais sur des sujets moraux et littéraires, rassemblés, en 1881, sous le titre de *Virginibus Puerisque*.

Leigh Hunt[1], mais nous verrons si nous pouvons trouver un joli volume les contenant tous. Nous n'avons pas la Bible en latin que vous évoquez mais nous avons un Nouveau Testament en latin et aussi un Nouveau Testament en grec, éditions modernes ordinaires reliées pleine toile. Vous intéresseraient-ils ?

Veuillez agréer, Madame, l'expression de notre considération, distinguée.

FPD
p/o MARKS & CO.

---

1. James Leigh Hunt (1784-1859). Essayiste, poète, critique et journaliste.

Helene Hanff
14 East 95th St.
New York City

3 novembre 1949

Marks & Co.
84, Charing Cross Road
Londres, W.C.2
Angleterre

Messieurs :

Les livres me sont bien parvenus, le Stevenson est tellement beau qu'il fait honte à mes étagères bricolées avec des caisses à oranges, j'ai presque peur de manipuler ces pages en vélin crème, lisse et épais. Moi qui ai toujours eu l'habitude du papier trop blanc et des couvertures raides et cartonnées des livres américains, je ne savais pas que toucher un livre pouvait donner tant de joie.

Un Britannique dont la fille habite au-dessus de chez moi a traduit les 1 livre 17 shillings 6 pence et m'a dit que je vous devais 5,30 dollars pour les deux livres. J'espère qu'il ne s'est pas trompé. Je joins un billet de 5 dollars et un billet de 1 dollar. Les 70 cents restants seront une avance sur le prix des Nouveaux Testaments, que je veux tous les deux.

Pourriez-vous désormais traduire vos prix ? Même

en américain, je ne suis pas très forte en calcul, alors maîtriser une arithmétique bilingue, ça tiendrait du miracle !

Bien à vous,

Helene Hanff

J'espère que « madame [1] » n'a pas le même sens chez vous que chez nous.

---

1. Jeu de mots sur les deux sens du mot anglais « *madam* », qui signifie « madame » mais aussi « sous-maîtresse » dans une maison close.

9 novembre 1949

Mademoiselle Helene Hanff
14 East 95th Street
New York 28, New York
USA

Mademoiselle,

Vos six dollars nous sont bien parvenus mais nous serions beaucoup plus tranquilles si, par la suite, vous nous envoyiez vos versements par mandat postal : ce serait beaucoup plus sûr pour vous que de confier des dollars en billets à la poste.
Nous sommes ravis que le Stevenson vous plaise tellement. Nous vous avons expédié les Nouveaux Testaments avec une facture portant les sommes dues en livres et en dollars. Nous espérons que cela vous conviendra.

Veuillez agréer, Mademoiselle, l'expression de notre considération distinguée.

FPD
p/o MARKS & CO.

15

18 novembre 1949

QU'EST-CE QUE C'EST QUE CETTE SINISTRE BIBLE PROTESTANTE QUE VOUS M'AVEZ ENVOYÉE ?

Pourriez-vous avoir l'amabilité de faire savoir aux gens de l'Église d'Angleterre (qui que ce soit qui leur ait donné l'ordre de tripatouiller la Vulgate) qu'ils ont bousillé une des plus belles proses jamais écrites ? Ils brûleront en enfer pour ça, vous pouvez me croire !

Personnellement, ça m'est égal, je suis juive. Mais j'ai une belle-sœur catholique et une autre belle-sœur méthodiste, et tout un tas de cousins presbytériens (grâce à mon grand-oncle Abraham qui s'est converti), j'ai aussi une tante qui est guérisseuse dans le scientisme chrétien et je me plais à penser qu'*aucun* d'eux n'admettrait cette Bible anglicane en latin s'ils en connaissaient l'existence (à vrai dire, ils ne connaissent même pas l'existence du latin).

Bon, au diable tout ça. Je me suis servie de la Vulgate de mon professeur de latin et je pense que ce que je vais faire c'est la garder jusqu'à ce que vous m'en trouviez une à moi.

Je joins 4 dollars pour payer les 3,88 dollars que je vous dois, offrez-vous un café avec les 12 cents restants. Il n'y a pas de bureau de poste près de chez moi et je ne vais pas courir au diable vauvert, jusqu'à Rockefeller Plaza, et faire la queue pour faire un mandat de 3 dollars et 88 cents. Si j'attends d'avoir un autre motif pour y aller, je n'aurai plus les 3,88 dollars. J'ai une confiance absolue dans la poste américaine et dans le service postal de Sa Majesté.

Auriez-vous un exemplaire des *Conversations imaginaires* de Landor[1] ? Je crois qu'il y a plusieurs volumes, celui qui m'intéresse contient les conversations grecques. S'il contient un dialogue entre Ésope et Rhodope, c'est bien le volume que je désire.

Helene Hanff

---

1. Walter Savage Landor (1775-1864). Ses *Imaginary Conversations* (1824-1829), dialogues philosophiques et psychologiques marqués par l'ironie et l'humour, mettent en scène des personnages empruntés à l'Antiquité.

26 novembre 1949

Mademoiselle Helene Hanff
14 East 95th Street
New York 28, New York
USA

Mademoiselle,

Vos quatre dollars nous sont bien parvenus et nous avons porté les 12 cents au crédit de votre compte.

Il se trouve que nous avons en stock le volume II de *La Vie et l'Œuvre* de Walter Savage Landor, qui contient les dialogues grecs (notamment celui que vous mentionnez dans votre courrier) ainsi que des dialogues romains. C'est une édition ancienne, publiée en 1876, pas très belle, mais bien reliée et en bon état. Nous vous l'envoyons aujourd'hui (facture jointe).

Je suis désolé de l'erreur que nous avons commise avec la Bible en latin, nous nous efforçons de vous trouver une Vulgate. Sans oublier Leigh Hunt.

Veuillez agréer, Mademoiselle, l'expression de notre considération distinguée.

FPD
p/o MARKS & CO.

14 East 95th St.
New York City

8 décembre 1949

Monsieur :

(Il me semble un peu absurde de continuer à écrire « Messieurs » alors que c'est à l'évidence une seule et même personne qui a la charge de tout mon dossier).

Savage Landor est bien arrivé et s'est tout de suite ouvert de lui-même à un dialogue romain racontant l'histoire de deux cités qui venaient juste d'être ravagées par la guerre. Tous les gens avaient été crucifiés et ils suppliaient des soldats romains de passage de les transpercer d'un coup de lance pour mettre fin à leurs souffrances. Ça sera un soulagement de m'occuper d'Ésope et de Rhodope, là on n'a à s'inquiéter que d'une famine ! J'adore les livres d'occasion qui s'ouvrent d'eux-mêmes à la page que leur précédent propriétaire lisait le plus souvent. Le jour où le Hazlitt est arrivé, il s'est ouvert à « Je déteste lire des livres nouveaux » et je me suis exclamée « Salut, camarade ! » à l'adresse de son précédent propriétaire, quel qu'il soit.

Je joins un dollar pour couvrir les 8 shillings que je vous dois et que vous avez oublié de porter (Brian, le petit ami anglais de Kay, ma voisine du dessus, dit que ça suffira).

À propos, Brian m'a dit que chez vous le rationnement existait encore (60 grammes de viande par semaine et par famille et un œuf par personne et par mois), c'est absolument épouvantable. Il a un catalogue d'une société britannique implantée ici, qui livre par avion de la nourriture en provenance du Danemark à sa mère, en Angleterre. Alors j'envoie un petit cadeau de Noël à Marks & Co., j'espère qu'il y en aura assez pour tout le monde. Brian dit que les librairies de Charing Cross Road sont « toutes plutôt petites ».

Je l'adresse à votre attention, FPD, qui que vous soyez.

Joyeux Noël.

Helene Hanff

9 décembre 1949

SOS ! FPD !

J'ai envoyé le colis dont je vous ai parlé. Il contenait principalement un jambon de 6 livres. J'avais pensé que vous pourriez le faire trancher chez un boucher et que comme ça chacun pourrait en emporter un peu chez lui.

Mais je viens juste de remarquer sur votre dernière facture : « B. Marks. M. Cohen. » Propriétaires.

EST-CE QU'ILS MANGENT CASHER ? Dans ce cas je peux envoyer en urgence de la langue.

TENEZ-MOI AU COURANT SVP !

Helene Hanff

20 décembre 1949

Mademoiselle Helene Hanff
14 East 95th Street
New York 28, New York
USA

Chère Mademoiselle,

Juste un petit mot pour vous dire que votre cadeau est bien arrivé aujourd'hui et que son contenu a été partagé entre les membres du personnel. M. Marks et M. Cohen ont insisté pour que nous le répartissions entre nous sans en offrir aux « patrons ». Je tiens aussi à ajouter que tout ce qu'il y avait dans ce colis est introuvable ici (ou alors on ne peut se le procurer qu'au marché noir). C'est vraiment très gentil et très généreux de votre part de penser à nous comme ça et nous vous sommes tous extrêmement reconnaissants.

Nous tenons tous à vous exprimer notre gratitude et à vous envoyer nos vœux les meilleurs pour 1950.

Veuillez agréer, chère Mademoiselle, l'expression de notre considération distinguée.

Frank Doel
p/o MARKS & CO.

14 East 95th St.

25 mars 1950

Eh, Frank Doel, qu'est-ce que vous FAITES là-bas ?
RIEN du tout, vous restez juste assis à ne RIEN faire.

Où est Leigh Hunt [1] ? Où est l'*Anthologie d'Oxford
de la poésie anglaise* [2] ? Où est la Vulgate et ce bon
vieux fou de John Henry [3] ? Je pensais que ça me ferait
une lecture si roborative pour le temps du carême, et
vous, vous ne m'envoyez absolument RIEN.

vous me laissez tomber, et j'en suis réduite à écrire
des notes interminables dans les marges de livres qui
ne sont même pas à moi mais à la bibliothèque. Un
jour ou l'autre ils s'apercevront que c'est moi qui ai
fait le coup et ils me retireront ma carte.

Je me suis arrangée avec le lapin de Pâques pour
qu'il vous apporte un Œuf, mais quand il arrivera chez
vous il découvrira que vous êtes morts d'Apathie.

Avec le printemps qui arrive, j'exige un livre de
poèmes d'amour. *Pas Keats ou Shelley*, envoyez-moi
des poètes qui peuvent parler d'amour sans pleurnicher
– Wyatt [4] ou Jonson [5] ou autre, trouvez vous-même.

---

1. James Leigh Hunt (cf. *supra* p. 12).
2. *Oxford Book of English Verse*.
3. John Henry Newman (cf. *infra* p. 30-31).
4. Sir Thomas Wyatt (1503-1542). Il fut l'un des premiers artisans de
la Renaissance anglaise en poésie et importa en Angleterre la forme du
sonnet à l'imitation de Pétrarque.
5. Ben Jonson (1573-1637). Poète, dramaturge et auteur, entre autres,
de la célèbre comédie *Volpone*.

Mais si possible un joli livre, assez petit pour que je le glisse dans la poche de mon pantalon pour l'emporter à Central Park.

Allez, restez pas là assis ! Cherchez-le ! Bon sang, on se demande comment cette boutique existe encore.

MARKS & CO., LIBRAIRES
84, Charing Cross Road
Londres, W.C.2

7 avril 1950

Mademoiselle Helene Hanff
14 East 95th Street
New York 28, New York
USA

Chère Mademoiselle,

Je dois vous remercier pour le colis de Pâques qui est bien arrivé hier et nous a fait grand plaisir. Nous avons tous été ravis par les conserves et par la boîte d'œufs frais. Tout le personnel se joint à moi pour vous remercier d'avoir pensé à nous avec autant de générosité.

Je suis désolé que nous n'ayons été en mesure de vous envoyer aucun des livres que vous avez demandés. Pour ce qui est du livre de poèmes d'amour, il nous arrive de temps en temps d'en avoir un qui corresponde à votre description. Pour le moment, nous n'en avons pas en stock mais nous allons en chercher un pour vous.

Encore mille mercis pour le colis.

Veuillez agréer, chère Mademoiselle, l'expression de notre considération distinguée.

Frank Doel
p/o MARKS & CO.

MARKS & CO., LIBRAIRES
84, Charing Cross Road
Londres, W.C.2

7 avril 1950

Chère Mademoiselle,

Chaque fois que je vous envoie une facture, je meurs d'envie d'y joindre subrepticement un petit mot, mais Frank pourrait trouver cela inconvenant de ma part, aussi je vous serais reconnaissante de ne pas lui parler de cette lettre. Cela peut paraître un peu collet monté et pourtant Frank ne l'est pas du tout, en fait il est très gentil, vraiment très gentil, c'est seulement qu'il vous considère plutôt comme sa correspondante personnelle, du fait que toutes vos lettres et colis lui sont adressés. Mais j'ai juste pensé que j'aimerais bien vous écrire de mon côté.

Nous adorons tous vos lettres et essayons d'imaginer à quoi vous ressemblez. J'ai décidé que vous étiez jeune, très raffinée et très élégante. Le vieux M. Martin pense que vous devez avoir l'air intellectuel en dépit de votre merveilleux sens de l'humour. Vous ne pourriez pas nous envoyer une petite photo ? Ça nous ferait vraiment plaisir de l'avoir. Si vous êtes curieuse à propos de Frank, sachez qu'il a entre trente-cinq et quarante ans, qu'il est plutôt bien de sa personne, qu'il est marié à une jeune Irlandaise très charmante, qui est sa seconde femme, je crois.

Tout le monde vous est tellement reconnaissant pour

votre colis. Mes enfants (une fille de 5 ans et un garçon de 4 ans) étaient aux anges : avec les raisins secs et l'œuf, j'ai pu leur faire un gâteau !

J'espère que le fait que je vous ai écrit ne vous aura pas choquée. Surtout, n'en parlez pas à Frank lorsque vous lui écrirez.

Bien amicalement,

Cecily Farr

P.-S. Je vais mettre mon adresse au dos au cas où vous désireriez que je vous envoie quelque chose de Londres.

C.F.

10 avril 1950

Chère Cecily –

Au diable le vieux M. Martin !

Dites-lui que je suis si peu intellectuelle que je ne suis même pas allée à l'université. Simplement, il se trouve que j'ai une passion pour les livres grâce à un professeur de Cambridge nommé Quiller-Couch (dit Q[1]) sur lequel je suis tombée dans une bibliothèque quand j'avais 17 ans.

Je suis à peu près aussi élégante qu'une mendiante sur Broadway. Je suis toujours vêtue de pulls mités et de pantalons de laine parce qu'on n'a pas de chauffage ici pendant la journée. C'est un immeuble de 5 étages en grès brun et comme tous les autres locataires partent travailler à 9 heures du matin et ne rentrent pas avant 6 heures du soir, pourquoi est-ce que le propriétaire chaufferait tout l'immeuble pour une seule personne, une petite lectrice/auteur de scripts qui travaille à domicile, au rez-de-chaussée ?

Pauvre Frank, je lui donne tellement de mal, je suis toujours en train de l'enguirlander pour une chose ou une autre. Je plaisante, mais je sais qu'il me prendra au sérieux. J'essaie tout le temps par mes piques de

---

1. Sir Arthur Quiller-Couch (1863-1944). Romancier et critique.

percer cette réserve britannique si caractéristique, s'il attrape un ulcère, ça sera ma faute.

Écrivez-moi, je vous en prie, et parlez-moi de Londres, je rêve du jour où je descendrai du train-paquebot et où je poserai le pied sur ses trottoirs crasseux.

Je voudrais remonter jusqu'à Berkeley Square, descendre Wimpole Street, rester debout dans la cathédrale Saint-Paul où John Donne a prêché, m'asseoir sur la marche où Élisabeth s'est assise lorsqu'elle a refusé d'entrer dans la Tour de Londres, etc. Un journaliste que je connais, qui était en garnison à Londres pendant la guerre, dit que les touristes viennent en Angleterre avec des idées préconçues, si bien qu'ils trouvent exactement ce qu'ils sont venus chercher. Je lui ai dit que j'aimerais aller à la recherche de l'Angleterre de la littérature anglaise et il m'a répondu :

« Elle y est bien. »

Bien cordialement –

Helene Hanff

MARKS & CO., LIBRAIRES
84, Charing Cross Road
Londres, W.C.2

20 septembre 1950

Mademoiselle Helene Hanff
14 East 95th Street
New York 28, New York
USA

Chère Mademoiselle,

J'espère que vous ne croyez pas que nous avons complètement oublié vos demandes, même si nous ne vous avons pas écrit depuis bien longtemps.

Quoi qu'il en soit, nous avons maintenant en stock l'*Anthologie d'Oxford de la poésie anglaise*, sur papier bible, avec sa reliure en toile bleue d'origine (1905) et une dédicace à l'encre sur la page de garde ; somme toute, c'est un bon exemplaire d'occasion, au prix de 2 dollars. Nous avons pensé qu'il valait mieux vous en parler avant de vous l'envoyer, au cas où vous en auriez déjà acheté un.

Il y a quelque temps vous nous avez demandé *L'Université idéale* de Newman [1]. Un exemplaire de l'édition

---

1. John Henry Newman (1801-1890). Étudiant à Oxford, pasteur de l'Église anglicane, il joua un rôle important dans ce qu'on a appelé le

originale vous intéresserait-il ? Nous venons juste d'en acquérir un, dont voici la description : NEWMAN (JOHN HENRY, D.D.) *Discours sur la portée et la nature de la formation universitaire, À l'intention des catholiques de Dublin*. Première édition, in-8° plein cuir, Dublin 1852. Quelques pages présentent des rousseurs et des taches, mais c'est un bon exemplaire à la reliure solide. Prix : 6 dollars.

Au cas où ils vous intéresseraient, nous mettons ces deux livres de côté dans l'attente de votre réponse.

Veuillez agréer, Mademoiselle, nos cordiales salutations.
Bien amicalement,

Frank Doel
p/o MARKS & CO.

« mouvement d'Oxford » (mouvement de rénovation de l'Église d'Angleterre). En 1845, il se convertit au catholicisme, entra dans les ordres, devint recteur de l'université catholique de Dublin, puis cardinal en 1879. Il a laissé une œuvre considérable caractérisée par une spiritualité élevée, une vigueur de pensée, une sensibilité délicate, un style magnifique. Son ouvrage le plus célèbre reste sans doute sa confession, *Apologia pro Vita Sua* (1864).

25 septembre 1950

il a une édition originale de *L'Université* de Newman
pour trente balles et il demande innocemment si je la
veux !

Cher Frank :

Oui, je la veux. Je ne pourrai plus me regarder dans
une glace. Je ne me suis jamais intéressée aux éditions
originales en tant que telles, mais une édition originale
de CE livre-là !

bon sang !

je le vois déjà.

Envoyez aussi l'*Anthologie d'Oxford de la poésie
anglaise*, s'il vous plaît. Ne vous souciez jamais de
savoir si j'ai trouvé quelque chose ailleurs. Je ne cherche plus ailleurs. Pourquoi irais-je courir jusqu'à la
17e Rue pour acheter des livres crasseux et mal fichus
quand je peux en acheter chez vous des tout beaux tout
propres sans même quitter ma machine à écrire ? Londres est bien plus près de mon bureau que la 17e Rue.

Si Dieu le veut, vous trouverez ci-joint 8 dollars.
Vous ai-je raconté l'histoire du procès de Brian ? Il
achète des ouvrages de physique dans une librairie
technique de Londres, et lui, il n'est pas négligent et
mal organisé comme moi. Il avait acheté une collection
très chère, il est allé jusqu'à Rockefeller Plaza, il a fait

la queue, il a eu un mandat et l'a expédié par câble, ou je ne sais quel procédé qu'on utilise pour ça – lui, c'est un homme d'affaires et il fait les choses correctement.

le mandat s'est perdu en chemin.

Vive le service postal de Sa Majesté !

HH

j'envoie un très petit colis pour fêter l'édition originale. L'Association Outremer m'a enfin envoyé un exemplaire de son catalogue.

2 octobre 1950

Chère Helene,

Cela fait des semaines que j'ai apporté les photos ci-jointes au magasin, mais j'ai eu tellement de travail que je n'ai pas réussi à vous les envoyer. Elles ont été prises dans le Norfolk où Doug (mon mari) est en garnison, dans la RAF. Je ne suis bien sur aucune mais ce sont les meilleures que nous ayons des enfants et il y en a une de Doug tout seul qui est vraiment bonne.

J'espère, chère Helene, que vous réaliserez votre souhait de venir en Angleterre. Pourquoi ne pas faire des économies pour venir l'été prochain ? Maman et Papa ont une maison dans le Middlesex et ils seraient ravis de vous recevoir.

Megan Wells (la secrétaire des patrons) et moi-même allons passer une semaine de vacances à Jersey (une des îles anglo-normandes) en juillet. Pourquoi ne pas venir avec nous et ensuite vous pourriez ne pas dépenser grand-chose, le reste du mois, dans le Middlesex ?

Ben Marks essaie de voir ce que je suis en train d'écrire, il faut donc que je m'arrête.

Bien à vous,

Cecily

14 East 95th St.

15 octobre 1950

ÇA ALORS !!!

Je n'ai qu'une chose à VOUS dire, Frank Doel : notre époque est vraiment dépravée, destructrice et dégénérée puisque dans une librairie, oui, une LIBRAI-RIE, on se met à arracher les pages de beaux livres anciens pour en faire du papier d'emballage.

Quand je l'ai déballé, j'ai dit à John Henry : « Vous auriez cru ça, Éminence ? » et il m'a répondu que non. Vous avez arraché des pages en plein milieu du récit d'une grande bataille et je ne sais même pas de quelle guerre il s'agit.

Le Newman est arrivé il y a presque une semaine et je commence à peine à m'en remettre. Je le garde sur mon bureau auprès de moi, toute la journée, et de temps en temps j'arrête de taper à la machine pour allonger la main vers lui et le toucher. Pas parce que c'est une édition originale, mais juste parce que je n'ai jamais vu un livre aussi beau. Je me sens vaguement coupable d'en être propriétaire. Un livre comme ça, avec sa reliure en cuir luisant, ses titres dorés au fer, ses caractères superbes, serait à sa place dans la bibliothèque lambrissée de pin d'un manoir anglais ; on ne devrait le lire qu'assis dans un élégant fauteuil en cuir, au coin du feu – pas sur un divan d'occasion dans un petit studio minable donnant sur la rue et situé dans un immeuble en grès brun délabré.

Je voudrais l'anthologie de Q. Je ne sais plus très bien combien elle coûte, j'ai égaré votre dernière lettre, mais il me semble que c'était dans les deux dollars, je joins deux billets d'un dollar, si cela ne suffit pas à couvrir ce que je vous dois, faites-le-moi savoir.

Pourquoi ne pas envelopper votre prochain envoi dans les pages LCXII et LCXIII pour que je puisse enfin savoir qui a gagné la bataille et de quelle guerre il s'agissait ?

HH

P.-S. Auriez-vous le *Journal* de Sam Pepys[1] ? J'en ai besoin pour les longues soirées d'hiver.

---

1. Samuel Pepys (1633-1703). Issu de la petite-bourgeoisie, il devint ministre de la Marine et président de la Royal Society. Sa gloire littéraire ne commença qu'en 1825, lorsqu'on réussit à décrypter son journal intime (*Diary*), écrit en langage chiffré. Cette longue confession (huit volumes), écrite au jour le jour, de 1660 à 1669, présente le plus grand intérêt littéraire et historique.

MARKS & CO., LIBRAIRES
84, Charing Cross Road
Londres, W.C.2

1er novembre 1950

Mademoiselle Helene Hanff
14 East 95th Street
New York 28, New York
USA

Chère Mademoiselle,

Pardonnez-moi de vous répondre seulement maintenant, mais j'ai été absent de Londres pendant une
semaine environ et j'ai beaucoup à faire pour rattraper
le retard de courrier qui s'est accumulé.

Et d'abord, ne vous inquiétez pas si nous utilisons
de vieux livres comme *La Rébellion* de Clarendon[1]
comme papier d'emballage : il se trouve que ce
n'étaient que deux volumes dépareillés aux couvertures
arrachées pour lesquels aucun client raisonnable
n'aurait donné deux sous.

Nous vous avons envoyé par la poste l'anthologie
de Quiller-Couch, *La Route du pèlerin*[2]. Votre débit se

---

1. Edward Hyde, comte de Clarendon (1608-1674). L'un des conseillers
de Charles Ier, puis grand chancelier de Charles II. Son *History of the
Rebellion and Civil Wars in England, etc.* (1702) raconte, en six volumes,
cette période troublée de l'histoire d'Angleterre.

2. Sir Arthur Quiller-Couch (cf. *supra* p. 28), *The Pilgrim's Way*.

montait à 1,85 dollar, vos 2 dollars le couvrent donc largement. Pour le moment, nous n'avons pas en stock d'exemplaire du *Journal* de Pepys, mais nous allons en chercher un pour vous.

Veuillez agréer, Mademoiselle, l'expression de notre considération distinguée.

Bien amicalement,

F. Doel
p/o MARKS & CO.

MARKS & CO., LIBRAIRES
84, Charing Cross Road
Londres, W.C.2

2 février 1951

Mademoiselle Helene Hanff
14 East 95th Street
New York 28, New York
USA

Chère Mademoiselle,

Nous sommes ravis que l'anthologie de « Q » vous ait plu. En ce moment, nous n'avons pas en stock d'exemplaire de l'*Anthologie d'Oxford de la prose anglaise*, mais nous allons nous efforcer d'en trouver un pour vous. Pour ce qui est des *Papiers de Sir Roger de Coverley*[1], il se trouve que nous avons en stock un volume d'essais du dix-huitième siècle qui comporte un bon choix de Coverley ainsi que des essais de Chesterfield et de Goldsmith. L'introduction est d'Austin Dobson, l'édition est assez jolie et comme elle ne coûte

---

1. Sir Roger de Coverley. Personnage célèbre qui apparaît dans la revue *The Spectator* (1711-1712). Cette revue, qui ne s'occupait pas d'actualités, offrait chaque jour à ses lecteurs un essai sur un sujet moral, social, littéraire, philosophique... Le propos moralisateur en était allégé par l'insertion de lettres — réelles ou fictives — et la présence de personnages récurrents, notamment sir Roger de Coverley, gentilhomme campagnard idéalisé, porte-parole d'une vision idyllique de la société anglaise traditionnelle.

que 1,15 dollar, nous vous l'avons envoyée par messagerie. Si vous désirez un recueil plus complet des œuvres d'Addison et Steele [1], faites-le-moi savoir et j'essaierai de vous en trouver un.

Nous sommes six dans le magasin, sans compter M. Marks et M. Cohen.

Veuillez agréer, Mademoiselle, l'expression de notre considération distinguée.

Frank Doel
p/o MARKS & CO.

---

1. Joseph Addison (1672-1719). Il fit, à côté d'une brillante carrière politique, une carrière d'homme de lettres et collabora notamment, avec Steele, à la revue *The Spectator*, au sein de laquelle il joua un rôle prépondérant.

Sir Richard Steele (1672-1729). Après une carrière militaire et une vie dissipée, il se lança dans la littérature périodique et fonda, entre autres, la revue *The Spectator*.

20/2/51

Ma chère Helene –

Il y a bien des manières de le faire mais Maman et moi pensons que, pour un premier essai, ce sera la plus simple pour vous. Mettez une tasse de farine, un œuf, une demi-tasse de lait et une bonne pincée de sel dans une terrine. Mélangez jusqu'à ce que la pâte fasse un ruban. Placez dans le réfrigérateur pendant plusieurs heures. (C'est mieux si vous le faites le matin.) Lorsque vous mettez votre rôti au four, mettez-y aussi un deuxième plat à chauffer. Une demi-heure avant que votre rôti soit cuit, versez un peu du jus gras du rôti dans ce plat, juste de quoi recouvrir le fond. Ce plat doit être *brûlant*. Versez-y la pâte du pudding. Le rôti et le pudding seront prêts en même temps.

Je ne sais pas bien comment le décrire à quelqu'un qui n'en a jamais vu, mais le Yorkshire Pudding doit beaucoup gonfler, être bien doré et croustillant et quand on le découpe on s'aperçoit que l'intérieur est creux.

La RAF retient toujours Doug dans le Norfolk et nous gardons précieusement jusqu'à son retour les conserves que vous nous avez offertes pour Noël. Quand il reviendra, nous allons faire une sacrée bombance avec ça ! Je pense quand même que vous ne devriez pas dépenser votre argent comme ça !

Dois me dépêcher de poster cette lettre pour qu'elle vous parvienne à temps pour l'anniversaire de Brian, faites-moi savoir si tout a bien marché.

Je vous embrasse,

Cecily

25 février 1951

Chère Cecily –

Le Yorkshire Pudding est un rêve, il n'y a rien de semblable ici : pour le décrire à quelqu'un j'ai dû dire que c'était une sorte de gaufre creuse, très épaisse, rebondie et lisse.

Je vous en prie, ne vous souciez pas du coût des colis de nourriture, je ne sais pas si c'est que l'Association Outremer est à but non lucratif ou bien exonérée des droits de douane, mais c'est ridiculement bon marché : tout le colis de Noël m'a coûté moins qu'une dinde. Ils ont quelques colis de luxe avec par exemple des côtes de bœuf et des gigots d'agneau, mais même ça c'est tellement bon marché comparé aux prix pratiqués chez le boucher que ça me tue de ne pas pouvoir vous les envoyer. Je m'amuse tellement avec le catalogue, je l'étale sur le tapis et je compare les mérites respectifs du Colis 105 (comprenant une douzaine d'œufs et une boîte de biscuits sucrés) et du Colis 217B (deux douzaines d'œufs mais PAS de biscuits sucrés). Je déteste les colis avec une seule douzaine d'œufs : ça fait deux œufs par personne ce qui ne représente vraiment pas grand-chose. Mais Brian dit que les œufs en poudre ont un goût de colle. Alors le problème reste entier.

Un producteur qui aime bien mes pièces (pas assez

cependant pour les produire) vient de téléphoner. Il produit des séries télévisées et il m'a demandé si je voulais bien écrire pour la télévision. « Payé une brique », a-t-il lancé négligemment, ce qui finalement veut dire 200 dollars. Et moi qui gagne 40 dollars par semaine à lire des scripts ! Je vais le voir demain, croisez les doigts.

Amitiés –

helene

MARKS & CO., LIBRAIRES
84, Charing Cross Road
Londres, W.C.2

4 avril 1951

Ma chère Helene –

Votre merveilleux colis de Pâques nous est bien parvenu et tout le monde est un peu bouleversé parce que
Frank a quitté Londres le lendemain matin pour affaires
et n'a donc pas écrit pour vous remercier, et bien sûr
personne n'ose écrire à la Mlle Hanff de Frank !

Mon Dieu, la *viande* ! Quand même, je pense que
vous ne devriez pas dépenser votre argent comme ça.
Ça a dû coûter un sacré paquet ! Dieu vous bénisse
pour votre bon cœur.

Voilà Ben Marks qui s'approche avec du travail, faut
que j'arrête.

Je vous embrasse,

Cecily

Earl's Terrace
Kensington High St.
Londres, W.8

5 avril 1951

Chère Mademoiselle,

Juste un petit mot pour vous informer que vos colis de Pâques sont bien arrivés il y a quelques jours, et que si nous n'en avons pas accusé réception c'est que Frank Doel n'est pas à son bureau mais en voyage d'affaires pour la maison.

Nous avons tous été émerveillés par la viande. Les œufs et les conserves nous ont fait aussi très plaisir. Il m'a semblé que je devais vous écrire pour vous exprimer combien nous vous sommes tous infiniment reconnaissants pour votre gentillesse et votre générosité.

Nous espérons tous que vous pourrez venir en Angleterre un de ces jours. Nous nous efforcerons alors de rendre votre séjour très agréable.

Veuillez agréer l'assurance de mes sentiments les meilleurs.

Megan Wells

Tunbridge Road
Southend-On-Sea
Essex

5 avril 1951

Chère Mademoiselle :

Depuis presque deux ans, je travaille au catalogage chez Marks & Co., et j'aimerais vous remercier très vivement pour la part dont j'ai bénéficié dans les colis que vous avez envoyés.

Je vis avec ma grand-tante qui a 75 ans et je crois que si vous aviez pu voir l'expression de ravissement sur son visage lorsque j'ai rapporté chez moi la viande et la boîte de langue, vous comprendriez combien nous vous sommes reconnaissants. Cela fait chaud au cœur de penser que quelqu'un qui habite si loin peut être aussi bon, aussi généreux avec de parfaits inconnus. Je crois exprimer ici le sentiment de tout le monde dans la maison.

Si vous aviez besoin qu'on vous envoie quelque chose de Londres – n'importe quoi, n'importe quand – je me ferai un plaisir de m'en occuper personnellement.

Veuillez agréer l'expression de mes très respectueux hommages.

Bill Humphries

MARKS & CO., LIBRAIRES
84, Charing Cross Road
Londres, W.C.2

9 avril 1951

Mademoiselle Helene Hanff
14 East 95th Street
New York 28, New York
USA

Chère Mademoiselle,

Je crains que vous ne soyez un peu fâchée contre moi qui ne vous ai pas écrit pour vous remercier pour vos colis et que vous nous considériez tous comme des ingrats. La vérité c'est que j'étais en province à la chasse aux livres, en train d'écumer divers châteaux anglais pour essayer d'y acheter de quoi reconstituer notre stock presque épuisé. Ma femme commençait à protester parce que je ne rentrais à la maison que pour dormir et prendre le petit déjeuner, mais bien sûr quand je suis arrivé avec un beau morceau de VIANDE, sans parler des œufs en poudre et du jambon, elle m'a trouvé formidable et elle m'a pardonné. Cela faisait bien long-temps que nous n'avions vu autant de viande en un seul morceau !

Nous aimerions vous exprimer notre gratitude d'une manière ou d'une autre, c'est pourquoi nous vous envoyons aujourd'hui par messagerie un petit livre dont j'espère qu'il vous fera plaisir. Je me souviens que vous m'aviez demandé, il y a quelque temps, un volume de poèmes d'amour élisabéthains – eh bien, voici ce que j'ai pu trouver qui s'en rapproche le plus.

Veuillez agréer, Mademoiselle, l'expression de notre considération distinguée.

Frank Doel
p/o MARKS & CO.

À Helene Hanff
avec nos amitiés et nos pensées
reconnaissantes
pour toutes ses gentillesses,
de la part de tout le personnel
du 84, Charing Cross Road,
Londres.
Avril 1951

14 East 95th St.
New York City

16 avril 1951

À tout le personnel du 84, Charing Cross Road :

Merci pour ce beau livre. Je n'avais encore jamais possédé un livre doré sur tranche sur les trois côtés. Et, me croirez-vous, il est arrivé le jour de mon anniversaire !

J'aurais préféré que vous écriviez la dédicace sur la page de garde et pas sur un bristol par excès de politesse. Mais le libraire a parlé en vous tous : vous avez craint de faire perdre de sa valeur au livre. Cela lui en aurait fait gagner aux yeux de son actuelle propriétaire (et peut-être d'un propriétaire futur. J'adore les dédicaces sur les pages de garde et les notes dans les marges, j'aime ce sentiment de camaraderie qu'on éprouve à tourner les pages que quelqu'un d'autre a déjà tournées, à lire les passages sur lesquels quelqu'un, disparu depuis longtemps, attire mon attention.)

Et pourquoi n'avez-vous pas inscrit vos noms ? Je suppose que Frank vous en a empêchés, il ne veut probablement pas que j'écrive des lettres d'amour à quelqu'un d'autre que lui !

Je vous envoie des amitiés d'Amérique, même si l'Amérique est une amie traîtresse qui déverse des millions dans la reconstruction du Japon et de l'Allemagne et laisse l'Angleterre mourir de faim. Un jour, si Dieu

51

le veut, j'irai en Angleterre et je demanderai pardon personnellement pour les péchés de ma patrie (et avant même que je rentre au pays, ma patrie aura probablement à demander pardon pour mes péchés à moi !).

Encore merci pour ce beau livre, je vais faire de mon mieux pour ne pas le couvrir de taches de gin ou de cendres, il est vraiment trop beau pour quelqu'un comme moi.

Bien à vous,

Helene Hanff

Dans les coulisses,
Londres

10 septembre 1951

Ma chérie –

C'est la plus ravissante des vieilles boutiques, sortie tout droit de Dickens, tu en serais folle.

Il y a des éventaires à l'extérieur, je me suis arrêtée et j'ai feuilleté quelques trucs juste pour avoir l'air d'un amateur de livres avant d'entrer. À l'intérieur, il fait sombre, on sent la boutique avant de la voir et c'est une bonne odeur mais pas facile à décrire – un mélange de renfermé, de poussière et de vieux, de boiseries et de parquet. Vers le fond de la boutique, à gauche, il y a un bureau avec une lampe, un homme y était assis, environ cinquante ans, avec un nez à la Hogarth [1] ; il a levé la tête et a dit « Bonjour, vous désirez ? » avec un accent du Nord, j'ai répondu que je voulais juste jeter un coup d'œil et il a dit « je vous en prie ».

Il y a des kilomètres de rayonnages. Du plancher au plafond. Ils sont très vieux et presque gris, comme du vieux chêne qui a absorbé tellement de poussière avec les années qu'il n'a plus sa couleur naturelle. Il y a un rayon d'estampes ou plutôt un long présentoir sur lequel sont exposées des gravures de Cruikshank,

---

1. William Hogarth (1697-1764). Peintre et graveur célèbre.

53

Rackham, Spy [1] et tous ces vieux et merveilleux caricaturistes et illustrateurs anglais dont je ne sais pas grand-chose, je ne suis pas assez calée ; et il y a aussi de ravissants magazines illustrés très, très anciens.

Je suis restée là pendant environ une demi-heure dans l'espoir que ton Frank ou une des filles apparaîtraient, mais il était dans les une heure de l'après-midi quand je suis entrée, je suppose qu'ils étaient tous partis déjeuner et je n'ai pas pu rester plus longtemps.

Comme tu peux le voir, les critiques n'ont pas été sensationnelles, mais, à ce qu'on nous dit, elles sont assez bonnes pour nous assurer quelques mois de représentations, aussi hier je me suis lancée dans la chasse aux appartements et j'ai trouvé à Knightsbridge un mignon petit studio ; je n'ai pas l'adresse ici, je te l'enverrai plus tard ou bien tu peux appeler ma mère.

Aucun problème de nourriture ici, nous mangeons dans les restaurants et les hôtels ; les meilleurs comme le Claridge ont tout ce qu'il leur faut comme rosbif et comme côtelettes. Les prix sont astronomiques, mais le taux de change est tellement avantageux que ça reste abordable pour nous. À la place des Anglais, je nous détesterais, au lieu de quoi ils sont absolument merveilleux avec nous : tout le monde nous invite chez lui ou à son club.

Il n'y a qu'une seule chose qu'on ne puisse pas

---

1. George Cruikshank (1792-1878) : caricaturiste ; Arthur Rackham (1867-1939) : illustrateur ; Spy (pseudonyme de sir Leslie Ward) : caricaturiste.

trouver ici, c'est du sucre ou des bonbons, quels qu'ils soient. Personnellement j'en remercie Dieu car j'ai l'intention de perdre cinq kilos pendant mon séjour.

Écris-moi.
Je t'embrasse,

Maxine

15 septembre 1951

Maxine, Dieu te bénisse pour ton cœur d'or ! Quelle description savoureuse ! Tu écris mieux que moi !

J'ai appelé ta mère pour avoir ton adresse, elle m'a dit de te dire qu'elle avait déjà envoyé le sucre en morceaux et les barres Nestlé. Je croyais que tu faisais un régime ?

Je ne voudrais pas paraître mesquine, mais j'aimerais savoir ce que TU as bien pu faire pour que le Seigneur t'accorde à TOI de feuilleter des livres dans ma librairie pendant que je reste coincée dans la 95e Rue à écrire *Les Aventures d'Ellery Queen* pour la télé !

Est-ce que je t'ai raconté que nous n'avions pas le droit d'utiliser les mégots de cigarettes tachés de rouge à lèvres comme indices ? Notre sponsor est la société Bayuk Cigar et il nous est interdit d'employer le mot « cigarette ». Il peut y avoir des cendriers dans le décor, mais ils ne doivent pas contenir de mégots de cigarettes. Ils ne doivent pas contenir de mégots de cigares non plus parce que ce n'est pas joli. Tout ce qu'ils peuvent contenir c'est un cigare Bayuk tout neuf, dans son emballage.

Et pendant ce temps-là, toi tu trinques avec John Gielguld au Claridge !

Parle-moi de Londres : le métro, les Inns of Court [1],

---

1. Écoles de droit très anciennes, situées dans le quartier du Temple, à Londres.

Mayfair, le coin où s'élevait autrefois le Théâtre du Globe[1], tout ce que tu veux, je ne suis pas difficile. Parle-moi de Knightsbridge, ça a l'air d'être un endroit chic et verdoyant, d'après la *Suite londonienne* (ou bien est-ce que ça s'appelle *Retour à Londres. Suite* ?) d'Eric Coates[2].

Bisous

hh

---

1. Situé sur la rive sud de la Tamise, il fut un des théâtres où se produisit la troupe de Shakespeare, c'est le célèbre « cercle de bois » dont parle le chœur au début de *Henry V*. Tous les théâtres de Londres furent détruits sur ordre du Parlement en 1642. En 1951, il ne reste donc plus que le souvenir de l'endroit où s'élevait le Globe.

2. Eric Coates (1886-1957). Altiste et compositeur anglais.

15 octobre 1951

VOUS APPELEZ ÇA UN JOURNAL DE PEPYS ?

ce n'est pas le journal de pepys mais un minable recueil de MORCEAUX CHOISIS du journal de pepys, édité par je ne sais quelle mouche du coche, que la peste l'étouffe !

ça me donne envie de vomir.

où est donc l'épisode du 12 janvier 1668 où sa femme le chassa hors du lit et le poursuivit autour de la chambre avec un tisonnier porté au rouge ?

où est donc le fils de sir w. pen[1] qui causait tant de souci à tout le monde avec ses convictions quakers ? Il n'est mentionné qu'UNE fois dans tout ce pseudo-livre, et moi qui suis de philadelphie !

Je joins deux billets d'un dollar usagés. Je ferai aller avec ce truc jusqu'à ce que vous me trouviez un vrai Pepys. ALORS, je déchirerai cet ersatz de livre page par page ET JE M'EN SERVIRAI COMME PAPIER D'EMBALLAGE.

HH

---

1. Sir William Penn (1621-1670). Amiral anglais qui avait prêté de l'argent au roi Charles II. Pour s'acquitter de sa dette, le roi octroya à son fils un vaste territoire en Amérique (entre les latitudes 40° N et 43° N).

William Penn (1644-1718), fils de l'amiral, était quaker et, à ce titre, persécuté en Angleterre. Il profita donc de la possibilité que lui offrait le roi pour aller en Amérique fonder une colonie qui accueillerait toutes les sectes persécutées, en particulier les quakers. Il fonda la ville de Philadelphie (la « Cité de l'amour fraternel ») et donna le nom de Pennsylvanie au territoire.

P.-S. Des œufs frais ou des œufs en poudre pour Noël ?
Je sais que les œufs en poudre se conservent plus longtemps mais les « œufs frais importés du Danemark
par avion » doivent avoir meilleur goût. vous voulez
voter ?

MARKS & CO., LIBRAIRES
84, Charing Cross Road
Londres, W.C.2

20 octobre 1951

Mademoiselle Helene Hanff
14 East 95th Street
New York 28, New York
USA

Chère Mademoiselle,

Permettez-moi tout d'abord de vous présenter mes excuses pour le Pepys. Je croyais sincèrement que c'était l'édition complète de Braybrooke. Je peux imaginer ce que vous avez ressenti lorsque vous vous êtes aperçue que vos passages favoris manquaient. Je vous promets d'examiner le prochain exemplaire à prix raisonnable qui me passera par les mains, et, s'il contient le passage que vous mentionnez dans votre lettre, je vous l'expédierai.

J'ai le plaisir de vous informer que j'ai réussi à extraire pour vous quelques livres de la bibliothèque privée que nous venons d'acquérir. Il y a un Leigh Hunt qui contient la plupart des essais que vous aimez, et aussi un Nouveau Testament dans la version de la Vulgate dont j'espère qu'il vous conviendra. J'ai ajouté un dictionnaire de la Vulgate qui pourrait vous être utile. Il y a aussi un volume d'essais anglais du 20e siècle, bien qu'il ne contienne qu'un seul essai d'Hilaire Belloc et rien qui concerne les salles de bains. Ci-joint votre facture de 17 shillings 6 pence, soit à peu près 2,50 dollars. C'est tout ce que vous nous devez puisque votre compte chez nous était créditeur de presque 2 dollars.

À propos des œufs, j'ai parlé avec les autres, ici, et apparemment nous sommes tous d'accord pour penser que des œufs frais seraient plus agréables. Comme vous le dites si bien, ils ne se garderont pas aussi longtemps mais ils auront tellement meilleur goût.

Nous espérons tous que les choses iront mieux après les élections législatives. Si Churchill et compagnie passent, comme je pense et espère que ce sera le cas, cela remontera considérablement le moral de tout le monde.

Veuillez agréer mes sentiments les meilleurs et mes amitiés sincères.

Frank Doel
p/o MARKS & CO.

61

14 East 95th St.
New York City

2 novembre 1951

Cher Éclair –

Vous me donnez le tournis à m'expédier Leigh Hunt et la Vulgate comme ça, à la vitesse du son ! Vous ne vous en êtes probablement pas rendu compte, mais ça fait à peine plus de deux ans que je vous les ai commandés. Si vous continuez à ce rythme-là vous allez attraper une crise cardiaque.

je suis méchante. Vous vous donnez tellement de mal pour moi, et moi je ne prends jamais la peine de vous remercier, je ne fais que vous asticoter. Je suis méchante. Non, je vous suis vraiment reconnaissante de toute la peine que vous vous donnez pour moi. Je joins trois dollars, je suis désolée pour le premier, j'ai renversé du café dessus et même en l'épongeant ça n'a pas voulu partir, mais je pense qu'il est encore bon puisqu'on peut encore le lire.

Vendriez-vous par hasard des partitions de musique vocale reliées ? Comme la *Passion selon saint Matthieu* de Bach ou *Le Messie* de Haendel. Je pourrais probablement les trouver chez Schirmer, mais c'est à 50 pâtés de maisons de chez moi et il fait froid, aussi j'ai pensé à vous demander d'abord.

Félicitations pour Churchill & Co. j'espère qu'il va un peu augmenter vos rations.

Est-ce que votre nom est gallois ?

HH

MARKS & CO., LIBRAIRES
84, Charing Cross Road
Londres, W.C.2

7 décembre 1951

Mademoiselle Helene Hanff
14 East 95th Street
New York 28, New York

Chère Mademoiselle,

Vous apprendrez avec plaisir que les deux boîtes d'œufs et les conserves de langue nous sont bien parvenues. De nouveau, nous voulons tous vous remercier très sincèrement pour votre extrême générosité. M. Martin, un des plus anciens membres du personnel, était en congé de maladie depuis quelque temps, nous lui avons donc réservé la part du lion sur les œufs (en fait, une boîte entière). Bien sûr il en a été ravi. Les conserves de langue ont l'air très appétissantes et sont bienvenues pour compléter nos garde-manger ; pour ma part, je les mettrai de côté pour une grande occasion.

J'ai demandé chez tous les marchands de musique du quartier, mais je n'ai pas réussi à trouver *Le Messie* ou la *Passion selon saint Matthieu* de Bach en édition reliée, d'occasion et en bon état. C'est alors que je me suis aperçu qu'on pouvait les avoir chez l'éditeur en éditions nouvelles. Elles sont peut-être un peu chères, mais j'ai pensé que je ferais mieux de les acheter et je vous les ai envoyées par messagerie il y a quelques jours, elles devraient vous parvenir d'un jour à l'autre maintenant. Notre facture, pour un montant total de 1 livre 10 shillings (= 4,20 dollars), est jointe aux livres.

Nous vous envoyons un petit cadeau pour Noël. C'est du linge et nous espérons bien que vous n'aurez pas de droits de douane à payer dessus. Nous le déclarerons comme « Cadeau de Noël » et garderons les doigts croisés. Quoi qu'il en soit, nous espérons que cela vous fera plaisir et que vous l'accepterez avec nos vœux les plus sincères pour Noël et la nouvelle année.

Mon nom n'est en aucun cas d'origine galloise. Il se prononce comme « Noël » en français, je pense donc qu'il pourrait avoir une origine française.

Veuillez agréer l'expression de mes sentiments les meilleurs.

Frank Doel
p/o MARKS & CO.

Bristol joint à une nappe en toile de lin irlandaise
brodée à la main

Tous nos vœux pour un
Joyeux Noël
et une Bonne Année
de la part de

| Geo. Martin | Megan Wells | W. Humphries |
| Cecily Farr | Frank Doel | J. Pemberton |

MARKS & CO., LIBRAIRES
84, Charing Cross Road
Londres, W.C.2

15 janvier 1952

Mademoiselle Hanff
14 East 95th Street
New York 28, New York
USA

Chère Mademoiselle,

Tout d'abord, nous sommes tous très contents que la nappe vous ait plu. Cela nous a fait grand plaisir de vous l'envoyer, c'est une manière de vous remercier, bien modestement, pour tous les cadeaux que vous avez eu la gentillesse de nous faire tout au long de ces dernières années. Cela vous intéressera peut-être de savoir qu'elle a été brodée tout récemment par une vieille dame de plus de quatre-vingts ans qui habite dans l'appartement voisin du mien. Elle vit seule et fait beaucoup de broderie, c'est son passe-temps. Elle se sépare rarement de ses ouvrages, mais ma femme a réussi à la persuader de vendre cette nappe-ci ; je crois qu'elle lui a aussi offert un peu des œufs en poudre que vous nous avez envoyés, cela a beaucoup aidé.

Si vous devez nettoyer votre Bible Grolier, nous vous conseillons de l'eau et du savon ordinaire. Mettez une cuillerée de soude dans un demi-litre d'eau chaude et utilisez du savon sur une éponge. Vous verrez que cela enlèvera la saleté et qu'ensuite vous pourrez faire briller avec un peu de lanoline.

J. Pemberton est une dame : J. signifie Janet.

Avec les meilleurs vœux de nous tous pour la nouvelle année.

Veuillez agréer, Mademoiselle, l'assurance de notre considération distinguée.

Frank Doel

20/1/52

Chère Mademoiselle :

Il y a longtemps que je voulais vous écrire pour vous remercier pour les merveilleux colis de nourriture que vous avez envoyés à Marks & Co. et tout spécialement pour la part dont ma famille a bénéficié. J'ai aujourd'hui trouvé un bon prétexte puisque Frank me dit que vous désirez connaître le nom et l'adresse de la vieille dame qui a brodé votre nappe. Elle est belle, n'est-ce pas ?

Il s'agit de Mme Boulton, qui est notre voisine (au 36 Oakfield Court). Elle était aux anges à l'idée que sa nappe avait traversé l'Atlantique et je suis sûre qu'elle serait ravie que vous lui exprimiez personnellement votre admiration pour son travail.

Merci de nous proposer de nous envoyer davantage d'œufs en poudre, mais nous en avons encore un peu et cela devrait nous suffire jusqu'au printemps. Entre avril et septembre, à peu près, nous parvenons généralement à nous débrouiller pour les œufs parce qu'ils cessent d'être rationnés pendant un certain temps et nous en profitons pour faire un peu de troc avec les conserves : par exemple une fois, pour une grande occasion, j'ai troqué une boîte d'œufs en poudre contre une paire de bas nylon. Ce n'est pas très légal mais cela nous aide beaucoup à nous en sortir !

Je vais vous envoyer des photos de ma petite famille, un de ces jours. Notre fille aînée a eu douze ans en août dernier, elle s'appelle Sheila, c'est ma fille « toute faite » (en effet, Frank a perdu sa première femme pendant la guerre). Notre cadette s'appelle Mary et a eu quatre ans la semaine dernière. En mai dernier, à l'école, Sheila a dit qu'elle envoyait à Maman et Papa une carte pour leur anniversaire de mariage et a expliqué aux sœurs (elle est dans un pensionnat religieux) qu'ils étaient mariés depuis quatre ans. Comme vous pouvez l'imaginer, ça a suscité quelques questions !

Je termine cette lettre en vous envoyant tous mes vœux de bonne année et en souhaitant tout particulièrement avoir le plaisir de vous accueillir en Angleterre un de ces jours.

Avec mes sentiments les meilleurs,

Nora Doel

36 Oakfield Court
Haslemere Road
Crouch End
Londres, N.8

29 janvier 1952

Chère Mademoiselle :

Merci beaucoup pour votre lettre, je suis très touchée que vous ayez la gentillesse de me dire que la nappe que j'ai brodée pour vous vous a fait tellement plaisir. J'aurais seulement voulu pouvoir faire mieux. Je suppose que Mme Doel vous a dit que je ne suis plus très jeune et que je ne suis plus capable d'en faire autant qu'autrefois. C'est toujours une joie pour moi lorsque mon travail parvient dans les mains d'une personne qui l'apprécie.

Je vois Mme Doel tous les jours, elle me parle souvent de vous. J'espère avoir la chance de vous voir si vous venez en Angleterre.

Encore merci,

Veuillez agréer l'expression de mes sentiments les meilleurs.

Mary Boulton

14 East 95th St.

9 février 1952

Écoute, Maxine –

Je viens juste de parler à ta mère, elle dit qu'à ton avis le spectacle va s'arrêter dans moins d'un mois et que tu as emporté en Angleterre deux douzaines de paires de bas nylon, alors fais-moi une faveur. Dès que la fin des représentations sera annoncée, porte de ma part quatre paires de bas nylon à la librairie, donne-les à Frank Doel, dis-lui que c'est pour les trois filles et Nora (sa femme).

Ta mère dit que je ne dois PAS envoyer d'argent pour te les rembourser : elle les a eus l'été dernier à une liquidation chez Saks, ils étaient très bon marché et elle veut en faire don à la librairie par anglophilie.

Tu ne sais pas ce que la librairie m'a envoyé pour Noël ? Une nappe en lin d'Irlande, couleur crème, brodée à la main de motifs anciens de feuilles et de fleurs, chaque fleur travaillée dans une couleur différente, avec toutes les nuances du plus clair au plus foncé, tu n'as jamais rien vu de pareil. Ma table pliante achetée dans une petite brocante n'a CERTainement jamais rien vu de tel ! Ça me donne une furieuse envie d'agiter ma manche flottante à la mode victorienne et d'en sortir un bras gracieux pour servir le thé avec une théière imaginaire de style géorgien. Avec cette nappe,

71

on va jouer la scène façon Stanislavski à peine tu seras rentrée.

Ellery m'a permis de passer à 250 dollars le script, si ça continue comme ça jusqu'en juin, je pourrai aller en Angleterre et feuilleter des livres dans ma librairie moi-même. Si j'en ai le courage. Je leur écris les lettres les plus extravagantes parce que je suis bien en sécurité à 5 000 kilomètres de là. Si ça se trouve, un jour j'entrerai dans le magasin et j'en ressortirai sans leur dire qui je suis.

Je ne vois vraiment pas pourquoi tu n'as pas compris cet épicier, il n'a *pas* parlé de « noix de terre terre » mais de « noix de terre moulues », ce qui est la seule manière RAISONnable d'appeler ça : les cacahuètes poussent dans la TERRE, ce sont donc des noix de TERRE, ensuite on les déterre et on les moud, c'est comme ça qu'on obtient des « noix de terre *moulues* », ce qui est bien mieux dit que beurre de cacahuète. Tu ne comprends rien à l'anglais.

BISOUS

H. hanff
copine étymologiste

P.-S. Ce matin, ta mère se lance courageusement à la recherche d'un appartement pour toi sur la 8ᵉ Avenue, aux environs de la 50ᵉ Rue, parce que tu lui as dit de chercher dans le quartier du théâtre. Maxine, tu sais parfaitement que ta mère n'est pas armée pour chercher QUOI QUE CE SOIT sur la 8ᵉ Avenue !

9 février 1952

FAINÉANTISE :

je pourrais CREVER ici avant que vous m'envoyiez
quoi que ce soit à lire. je devrais courir directement
chez brentano's, et c'est ce que je ferais si tout ce que
je recherche n'était pas épuisé.

Vous pouvez ajouter les *Vies* de Walton[1] à la liste
des livres que vous ne m'envoyez pas. C'est contraire
à mes principes d'acheter un livre sans l'avoir lu, c'est
comme acheter une robe sans l'avoir essayée, mais ici,
même en bibliothèque on ne peut pas trouver les *Vies*
de Walton.

On peut le consulter. Ils l'ont à la bibliothèque de
quartier de la 42e Rue. Mais on ne peut pas l'*emprunter*
(!) m'a dit la dame, d'un ton scandalisé. à consommer
sur place. vous n'avez qu'à vous asseoir dans la salle

---

1. Izaak Walton (1593-1683). Quincaillier à Londres, il était passionné
de poésie et fut l'ami des plus grands poètes et intellectuels de son temps,
en particulier de John Donne, dont il fut aussi le paroissien. Il écrivit des
biographies de ses célèbres amis : *The Lives of Donne, Wotton, Hooker,
George Herbert, Sanderson* (1670). Il avait une autre passion, la pêche à
la ligne, à laquelle il s'adonnait notamment avec Wotton, ambassadeur et
homme de grande culture ; cette passion lui inspira *The Compleate Angler*
(1653), qui, au-delà de son sujet principal, expose toute une philosophie
de la vie, modeste, proche de la nature, optimiste et pieuse, dans une langue
poétique et pleine de charme. Ce livre est un grand classique qui a connu
d'innombrables rééditions.

315 et à lire tout le livre, sans un petit café, sans une cigarette ou une bouffée d'air frais.

Ça ne fait rien, Q en a cité assez pour que je sache que je vais aimer ce livre. j'aime tout ce qu'il aime, sauf le roman. je ne peux jamais m'intéresser à des choses qui ne sont pas arrivées à des gens qui n'ont jamais existé.

qu'est-ce que vous faites de toute la sainte journée, vous restez assis au fond du magasin à lire ? pourquoi vous n'essayez pas de vendre un livre à quelqu'un ?

MADEMOISELLE Hanff pour vous.
(je ne suis helene que pour mes AMIS)

p.-s. dites aux filles et à nora que si tout va bien elles auront des bas nylon pour le carême.

MARKS & CO., LIBRAIRES
84, Charing Cross Road
Londres, W.C.2

14 février 1952

Mademoiselle Helene Hanff
14 East 95th Street
New York 28, New York
USA

Chère Helene,

Je pense comme vous qu'il est grand temps que nous abandonnions le « Mademoiselle » lorsque nous vous écrivons. Je ne suis pas aussi collet monté que vous avez pu être amenée à le croire, mais comme le double des lettres que je vous écris est archivé dans les dossiers du bureau, la formule protocolaire m'a paru plus appropriée. Cependant, comme cette lettre ne concerne pas les livres, il n'y aura pas de double.

Nous nous demandons vraiment comment vous avez fait avec les bas nylon qui sont apparus comme par magie aujourd'hui à midi. Tout ce que je peux vous dire, c'est que, lorsque je suis revenu de déjeuner, ils étaient sur mon bureau, accompagnés d'un petit mot : « De la part de Helene Hanff. » Apparemment personne ne sait ni quand ni comment ils sont arrivés. Les filles sont très excitées et je crois qu'elles ont l'intention de vous écrire directement.

Je suis au regret de vous apprendre que notre ami M. George Martin, qui était si malade depuis quelque temps, est décédé à l'hôpital la semaine dernière. Il était dans la maison depuis de nombreuses années, aussi, cela s'ajoutant à la perte du roi qui est mort soudainement lui aussi, nous sommes tous plutôt tristes en ce moment.

Je ne vois pas comment nous pourrions jamais vous remercier pour tous vos généreux cadeaux. Tout ce que je peux dire c'est que, si vous décidez un jour de venir en Angleterre, il y aura une chambre pour vous au 37 Oakfield Court pour aussi longtemps que vous voudrez y rester.

Avec les amitiés de tous,

Frank Doel

14 East 95th St.
New York City

3 mars 1952

Seigneur, soyez béni pour ces *Vies* de Walton. C'est incroyable qu'un livre publié en 1840 puisse être dans un état aussi parfait plus de cent ans plus tard. Elles sont si belles, ces pages veloutées, coupées à la main, que je compatis avec le pauvre William T. Gordon qui a inscrit son nom sur la page de garde en 1841, quelle bande de minables devaient être ses descendants pour vous vendre ce livre, comme ça, pour une bouchée de pain. Bon sang, j'aurais voulu courir pieds nus à travers LEUR bibliothèque avant qu'ils la vendent.

c'est un livre fascinant, saviez-vous que John Donne [1] avait enlevé la fille de son noble patron et qu'il avait été envoyé dans la Tour de Londres pour ça ? Là il est à moitié mort de faim et c'est ALORS seulement qu'il s'est tourné vers la religion, ma parole !

Maintenant, écoutez, je joins un billet de 5 dollars ; ces *Vies* me font beaucoup regretter l'exemplaire du

---

1. John Donne (1573-1631). Le plus grand des poètes dits « métaphysiques ». Après une jeunesse libertine, il se convertit, entra dans les ordres à l'âge de quarante-trois ans et devint doyen de la cathédrale Saint-Paul, à Londres. Sa poésie est caractérisée par son originalité par rapport aux conventions morales et littéraires d'alors, par son érudition philosophique, par sa sensualité parfois brutale et ironique, mais aussi, pour les poèmes religieux, par sa spiritualité élevée et même son mysticisme.

Parfait Pêcheur que j'ai acheté avant de vous connaî-tre. C'est une de ces éditions américaines rébarbatives « Classiques-pour-les-masses ». Izaak la déteste, il dit qu'il ne veut pas rester sous CETTE apparence jusqu'à la fin de mes jours. Alors utilisez les 2,50 dollars qui restent pour une belle édition anglaise du *Parfait Pêcheur*, s'il vous plaît.

prenez garde, je viendrai en Angleterre en 1953 si le contrat *ellery* est renouvelé. je vais grimper tout en haut de cet escabeau de bibliothèque victorien, bous-culer la poussière sur les étagères du haut et la bien-séance de tout le monde. Vous ai-je déjà dit que j'écri-vais des histoires policières pour la série *Ellery Queen* à la télévision ? Tous mes scripts ont pour toile de fond des milieux artistiques (ballet, concert, opéra) et tous les personnages – suspects ou cadavres – sont des gens cultivés ; en votre honneur, je vais peut-être en situer un dans le milieu du commerce des livres rares. Vous préférez être l'assassin ou le cadavre ?

hh

36 Oakfield Court
Haslemere Road
Crouch End
Londres, N.8

24 mars 1952

Chère Mademoiselle :

Je ne sais pas du tout comment vous exprimer ma gratitude pour le superbe paquet contenant toutes sortes de bonnes choses à manger que vous m'avez envoyé et qui est arrivé aujourd'hui. C'est la première fois de ma vie que je reçois un colis. Vraiment vous n'auriez pas dû. Tout ce que je peux dire c'est Merci beaucoup, je vais certainement me régaler avec tout ça.

C'est vraiment très gentil à vous d'avoir pensé à moi de cette manière. J'ai tout montré à Mme Doel et elle a tout trouvé superbe.

Je vous remercie encore beaucoup.

Avec mes amitiés et mes sentiments les meilleurs,

Mary Boulton

17 avril 1952

Mademoiselle Helene Hanff
14 East 95th Street
New York 28, New York
USA

Chère Helene (comme vous pouvez le voir, je ne me soucie plus des archives),

Vous apprendrez avec plaisir que je viens d'acheter une bibliothèque privée dans laquelle se trouve un très joli exemplaire du *Parfait Pêcheur* de Walton. Je compte vous l'envoyer la semaine prochaine, au prix de 2,25 dollars, environ (ce qui est bien inférieur au montant de votre avoir chez nous).

Vos scripts pour la série *Ellery Queen* ont l'air bien amusants. J'aimerais que nous ayons la chance de voir certains épisodes à la télé ici – ça manque un peu de vie (notre télé, je veux dire, pas votre script).

Nora et tout le monde ici se joignent à moi pour vous envoyer leurs amitiés.

Veuillez agréer l'expression de notre considération distinguée.

Frank Doel

Dimanche 4 mai 1952

Chère Helene,

Merci pour le colis d'œufs en poudre reçu vendredi, il m'a fait particulièrement plaisir. En effet je vous avais dit que les œufs allaient cesser d'être rationnés mais, en fait, ça n'a pas été le cas, si bien que les œufs en poudre ont été un cadeau du ciel pour faire les gâteaux en fin de semaine, etc. Frank en emporte un peu au magasin afin d'en envoyer à Cecily, dont il oublie toujours de rapporter l'adresse personnelle à la maison. Je suppose que vous savez qu'elle a quitté le magasin et s'apprête à rejoindre son mari en Orient.

Je joins quelques photos, Frank dit qu'aucune ne lui rend justice et qu'il est beaucoup mieux au naturel ; laissons-le rêver !

Sheila a passé un mois de vacances à la maison et nous nous sommes un peu baladées, nous avons fait des excursions pour passer la journée au bord de la mer et visiter des sites intéressants ; maintenant il nous faut rentrer un peu dans notre coquille parce que les transports coûtent terriblement cher. Nous avons l'ambition d'acheter une voiture, mais c'est tellement onéreux, et une occasion convenable est encore plus chère qu'une neuve. Les neuves partent à l'exportation et il en reste si peu sur le marché intérieur que certains de mes amis ont attendu entre 5 et 7 ans pour avoir une nouvelle voiture.

Sheila va faire une « chic prière » à votre intention pour que vous puissiez réaliser votre souhait de venir en Angleterre – le bacon en boîte que nous avons reçu de vous le lundi de Pâques était un tel régal ! Si donc les « chics prières » sont exaucées, vous aurez peut-être une aubaine qui vous permettra de nous rendre visite bientôt.

Bon, eh bien, salut pour aujourd'hui et encore merci.

Nora

14 East 95th St.
New York City

11 mai 1952

Cher Frank :

Voulais vous écrire le jour où j'ai reçu le *Pêcheur*, juste pour vous remercier, les gravures à elles seules valent dix fois le prix du livre. Quel monde étrange que le nôtre où on peut posséder une chose aussi belle à vie pour le prix d'un ticket dans un grand cinéma de Broadway, ou pour le 1/50 du prix d'une couronne chez le dentiste !

Enfin, si le prix de vos livres correspondait à leur vraie valeur, je ne pourrais pas me les offrir !

Vous serez stupéfait d'apprendre que moi qui n'aime pas les romans j'ai fini par me mettre à Jane Austen et me suis prise de passion pour *Orgueil et préjugé*[1], que je ne pourrai pas arriver à rendre à la bibliothèque avant que vous ne m'en ayez trouvé un exemplaire.

Cordiales pensées à Nora et aux esclaves.

HH

---

1. Jane Austen (1775-1817). Auteur de romans psychologiques d'une grande subtilité : *Sense & Sensibility* (1811), *Pride & Prejudice* (1813), *Mansfield Park* (1814)...

37 Oakfield Court
Haslemere Road
Crouch End
Londres, N.8

24/8/52

Chère Helene :

Je vous écris de nouveau pour vous remercier du fond du cœur pour la part que nous avons eue dans les merveilleux colis que vous avez eu la gentillesse d'envoyer chez Marks & Co. J'aimerais pouvoir vous envoyer quelque chose en retour.

Au fait, Helene, nous sommes depuis quelques jours les heureux propriétaires d'une voiture, pas une neuve, bien sûr, mais elle marche et il n'y a que cela qui compte, n'est-ce pas ? Maintenant vous allez peut-être nous dire quand vous venez nous rendre visite ?

Deux de mes cousins qui sont venus d'Écosse pour une quinzaine de jours ont logé chez Mme Boulton, où ils ont été très bien. Ils dormaient chez elle et mangeaient chez moi. Si vous réussissez à vous offrir le voyage d'Angleterre l'an prochain pour le couronnement, Mme Boulton s'arrangera pour vous coucher.

Eh bien, salut pour aujourd'hui, recevez toutes nos amitiés et remerciements renouvelés pour la viande et les œufs.

Avec mes sentiments les meilleurs,

Nora

26 août 1952

Mademoiselle Helene Hanff
14 East 95th Street
New York 28, New York
USA

Chère Helene,

De nouveau je vous écris pour vous remercier au nom de nous tous ici pour les trois extraordinaires colis qui sont arrivés il y a quelques jours. C'est vraiment trop de bonté de votre part de dépenser ainsi pour nous votre argent si durement gagné et je puis vous assurer que nous sommes très sensibles à la sollicitude que vous nous manifestez.

Nous avons fait rentrer environ trente volumes des Classiques Loeb, il y a quelques jours, malheureusement il n'y avait ni Horace, ni Sappho, ni Catulle.

Je vais prendre une quinzaine de jours de vacances à partir du 1er septembre, mais, comme je viens d'acheter une voiture, nous sommes complètement « fauchés » et il nous faudra y aller doucement. Nora a une sœur qui habite au bord de la mer, nous espérons qu'elle aura pitié de nous et nous invitera à séjourner chez elle. C'est ma première voiture, cela nous excite donc tous beaucoup – même si c'est un vieux modèle de 1939. Du moment qu'elle nous transporte sans tomber en panne trop souvent, nous serons ravis.

Recevez nos amicales pensées,

Frank Doel

14 East 95th St.
New York City

18 septembre 1952

Frankie, devinez un peu qui est arrivé pendant que vous étiez parti en vacances ? SAM PEPYS ! Remerciez, s'il vous plaît, la personne qui me l'a posté. Il est arrivé il y a une semaine, et est sorti, sous la forme de trois bons volumes bleu marine, des quatre pages arrachées à un quelconque magazine qui l'enveloppaient. J'ai lu le magazine en déjeunant et commencé Sam après le dîner.

Il me dit de vous dire qu'il est ABSOlument RAVI d'être ici, son précédent propriétaire était un plouc qui n'a même pas pris la peine de couper ses pages. Je les abîme parce que c'est le papier bible le plus fin que j'aie jamais vu. Ici, on appelle ça de la « pelure d'oignon », ce qui dit bien ce que ça veut dire. Mais avec un papier plus épais, il aurait fallu six ou sept volumes, alors merci au papier bible car j'ai seulement trois étagères pour mes livres et il me reste très peu de livres à jeter.

Je fais le ménage de mes livres chaque printemps et je jette ceux que je ne relirai jamais, comme je jette les vieux vêtements que je ne remettrai jamais. Ça choque tout le monde. Mes amis sont soigneux avec les livres. Ils lisent tous les best-sellers, ils les parcourent le plus vite possible, en en sautant beaucoup de passages, je crois. Et comme ils ne les relisent JAMAIS, un an après ils ne se rappellent plus un traître mot. Cependant ils sont profondément choqués de me voir jeter un livre à la corbeille ou le donner à quelqu'un. Selon eux, vous achetez un livre, vous le lisez, vous le mettez sur une étagère, vous ne le rouvrez jamais de toute votre vie mais VOUS NE LE JETEZ PAS ! PAS S'IL EST EN ÉDITION RELIÉE ! Et pourquoi pas ? Personnellement je ne vois rien de moins sacro-saint qu'un mauvais livre ou même un livre médiocre.

J'espère que vous et Nora avez passé de bonnes vacances. J'ai passé les miennes à Central Park, mon cher petit dentiste, joey, m'avait accordé un mois de vacances (il était parti en voyage de noces – c'est moi qui ai financé le voyage de noces !). Vous ai-je raconté qu'au printemps dernier il m'a dit qu'il me fallait faire couronner toutes mes dents ou sinon les arracher toutes ? J'ai décidé de les faire couronner parce que j'ai pris l'habitude d'avoir des dents. Seulement ça coûte une somme astronomique. Élisabeth devra donc se passer de moi pour monter sur le trône. Pour les deux ou trois années à venir, les seules couronnes que je verrai seront celles de mes dents.

je n'ai PAS l'intention de cesser d'acheter des livres, mais il faut, bien sûr, que vous ayez QUELQUE chose à vendre. Pourriez-vous, s'il vous plaît, voir si vous pouvez me trouver les articles de critique dramatique de Shaw [1] ? ainsi que ses articles de critique musicale ?

---

1. George Bernard Shaw (1856-1950). Dramaturge né à Dublin, mais aussi romancier, penseur politique, critique musical (*The Perfect Wagnerite*, 1896) et dramatique (*Dramatic Opinions and Essays*, 1906), célèbre pour la clairvoyance de sa pensée, sa verve satirique, son socialisme à l'anglaise, son esprit et son humour brillants.

Je pense qu'il y a plusieurs volumes, envoyez-moi seulement ce que vous pourrez trouver et écoutez bien, Frankie : l'hiver va être long et froid et je fais du baby-sitting le soir, donc J'AI BESOIN D'AVOIR DE QUOI LIRE, ALORS NE RESTEZ PAS LÀ ASSIS À NE RIEN FAIRE ! BOUGEZ-VOUS ET TROUVEZ-MOI DES LIVRES.

hh

14 East 95th St.
New York City

12 décembre 1952

À « ses amis du 84, Charing Cross Road » :

L'*Anthologie de l'amateur de livres* est sortie de son emballage avec sa reliure de cuir frappée d'or et ses tranches dorées, c'est sans aucun doute le plus beau de mes livres, y compris l'édition originale de Newman. Elle a l'air trop neuve et trop parfaite pour avoir jamais été lue par qui que ce soit et pourtant elle l'a été : elle s'ouvre toujours d'elle-même aux meilleurs endroits et le fantôme de son précédent propriétaire attire mon attention sur des choses que je n'avais jamais lues. Comme par exemple la description faite par Tristram Shandy de la remarquable bibliothèque de son père, qui « contenait tous les livres et traités jamais écrits au sujet des grands nez » (Frank ! trouvez-moi donc un *Tristram Shandy*[1] !).

Je trouve vraiment que notre échange de cadeaux de Noël est très inégal. Vous aurez fini de manger les vôtres en une semaine et avant le jour de l'an il n'en restera plus rien, tandis que moi j'aurai le mien jus-

---

1. Laurence Sterne (1713-1768). Son « roman » *Tristram Shandy* (1760-1767) prétend raconter la vie et les opinions d'un « héros » qui n'est en fait qu'une sorte de prétexte autour duquel l'auteur tisse un réseau complexe de digressions, de réflexions, de conversations et d'épisodes cocasses, présentés avec une verve, une virtuosité et une audace formelle étourdissantes.

qu'au jour de ma mort et je mourrai contente à la pensée que je le laisse derrière moi pour que quelqu'un d'autre l'aime. Je mettrai un peu partout des petits points au crayon pour attirer l'attention d'un amateur de livres qui n'est pas encore né sur les meilleurs passages.

Merci à tous. Bonne année.

Helene

37 Oakfield Court
Haslemere Road
Crouch End
Londres, N.8

17/12/52

Chère Helene :

Je suis désolée de ne pas vous avoir fait signe depuis si longtemps. J'espère que l'échec d'Adlai ne vous a pas trop peinée. Il aura peut-être plus de chance la prochaine fois.

Mme Boulton dit qu'elle sera heureuse de vous recevoir l'été prochain, si elle est encore vivante, ajoute-t-elle, mais je ne connais personne de son âge qui soit plus vivant qu'elle et je suis sûre qu'elle vivra centenaire. Quoi qu'il en soit, nous pourrons toujours vous installer quelque part.

Merci pour les choses délicieuses que vous nous avez envoyées pour Noël, vous êtes vraiment trop bonne, Helene ! et si toute la bande de chez Marks & Co. ne vous offre pas un festin lorsque vous viendrez ici l'an prochain, ils sont à tuer !

Je vous souhaite de passer un joyeux Noël. *Ciao* pour l'instant, avec nos remerciements et tous nos vœux.

Dieu vous bénisse !

Nora

3 mai 1953

Frankie, vous allez en CREVER quand je vous raconterai...

Tout d'abord veuillez trouver ci-joint 3 dollars, *O. et P.* est arrivé et il ressemble tout à fait à Jane elle-même : cuir lisse, mince, impeccable.

Finalement, *Ellery* a fait long feu. Je ne savais plus quoi faire, accumulant les factures du dentiste et me faisant un sang d'encre quand on m'a proposé d'écrire un synopsis pour une dramatique télévisée qui met en scène des épisodes de la vie d'hommes célèbres. Je suis rentrée à la maison à toute vitesse et j'ai écrit un synopsis sur un épisode de-la-vie-d'un-personnage-célèbre, je l'ai envoyé et ils l'ont acheté. Ensuite j'ai écrit le script, ils l'ont bien aimé et ils vont me donner encore du travail à l'automne.

Et kesskeu vous croyez que j'ai choisi de mettre en scène ? JOHN DONNE ENLEVANT LA FILLE DE SON PATRON, comme le raconte Walton dans ses *Vies*. Aucun téléspectateur n'a la moindre idée de qui était John Donne, mais grâce à Hemingway *tout le monde* connaît « Nul n'est une île [1] », tout ce que j'ai

---

1. « *No man is an Island* [...]. *And therefore never send to know for whom the bell tolls ; it tolls for thee.* »

(« Nul n'est une île [...]. Et donc ne cherche jamais à savoir pour qui sonne le glas : il sonne pour toi. »)

eu à faire a été d'introduire ça dans le script et on me l'a acheté.

Et voici comment John Donne a accédé à la « Galerie des hommes illustres » sponsorisée par Hallmark et a payé pour tous les livres que vous m'avez envoyés depuis le début ainsi que pour cinq dents.

J'ai l'intention de me traîner hors du lit avant l'aube le jour du couronnement pour suivre la cérémonie à la radio. Je penserai beaucoup à vous tous.

hourra

hh

Passage de la *Méditation XVII* de John Donne, d'où Hemingway a tiré le titre de son célèbre roman *Pour qui sonne le glas* (1940).

MARKS & CO., LIBRAIRES
84, Charing Cross Road
Londres, W.C.2

11 juin 1953

Mademoiselle Helene Hanff
14 East 95th Street
New York 28, New York
USA

Chère Helene,

Juste un petit mot pour vous dire que votre colis
nous est bien parvenu le 1er juin, juste à temps pour les
fêtes du couronnement. Ce jour-là, nous avions de
nombreux amis à la maison pour regarder la télévision,
aussi le jambon a été particulièrement bienvenu pour
leur offrir quelque chose à manger. Il était délicieux et
nous avons tous bu à votre santé en même temps qu'à
celle de la reine.

C'est vraiment trop gentil à vous de dépenser ainsi
pour nous un argent si durement gagné. Le reste du
personnel se joint à moi pour vous dire un grand merci.

Recevez toutes nos amitiés,
Bien à vous,

Frank Doel

Boldmere Road
Eastcote
Pinner
Middlesex

23/9/53

Ma chère Helene,

Je vous envoie ce petit mot à toute vitesse pour vous dire de *ne plus rien* envoyer au magasin pour Noël, le rationnement est maintenant terminé et on trouve même des bas nylon dans toutes les bonnes boutiques. Épargnez votre argent, je vous en prie, car la chose la plus importante après votre dentiste c'est votre voyage en Angleterre. Seulement ne venez pas en 54 car je serai à l'étranger, venez en 55, je serai alors rentrée et vous pourrez séjourner chez nous.

Doug écrit que nous pourrions être « appelés » à partir d'un jour à l'autre car nous sommes les prochains sur la liste des familles à qui on va attribuer un logement. Les enfants et moi-même espérons le rejoindre avant Noël. Il va bien et se plaît beaucoup sur l'île de Bahreïn au milieu du golfe Persique (regardez sur votre atlas si vous en avez un) mais il rentrera à la base de la RAF à Habbaniya en Irak dès que nos logements seront prêts et nous l'y rejoindrons, si tout va bien.

Répondez-moi vite. Même si je pars en catastrophe, ma mère fera suivre votre lettre.

Je vous embrasse et vous envoie toutes mes amitiés –

Cecily

14 East 95th St.

2 septembre 1955

VOUS N'ALLEZ TOUT DE MÊME PAS ME DIRE, COMME ÇA TOUT TRANQUILLEMENT, QUE PENDANT TOUTES CES ANNÉES VOUS AVEZ PUBLIÉ CES CATALOGUES GÉANTS ET QUE C'EST LA PREMIÈRE FOIS QUE VOUS PRENEZ LA PEINE DE M'EN ENVOYER UN ? HEIN, MARAUD ?

Je ne sais plus qui est le dramaturge de la Restauration[1] qui traitait tout le monde de Maraud, mais j'ai toujours eu envie d'utiliser ce mot-là dans une phrase.

En l'occurrence, la seule chose qui POURRAIT m'intéresser est le Catulle, ce n'est pas un Classique Loeb mais ça pourrait quand même faire l'affaire. Si vous l'avez encore, postez-le-moi et je vous enverrai les 6 shillings 2 pence dès que vous les aurez convertis en dollars : Kay et Brian ont déménagé pour s'installer en banlieue et je n'ai donc plus de traducteur.

Je vous serais reconnaissante d'envoyer Nora et les filles à l'église tous les dimanches du mois prochain pour prier pour la santé et la forme de MM. gilliam,

---

1. Restauration. Période de l'histoire anglaise qui voit le retour sur le trône de la dynastie des Stuarts, en 1660, en la personne de Charles II. Son prédécesseur, Charles Ier, avait été décapité en 1649, et le chef puritain Oliver Cromwell avait institué une république (1649-1659) dans laquelle les théâtres avaient été fermés. Lors de la Restauration, les théâtres furent réouverts, réorganisés, et de nombreux auteurs écrivirent pour la scène, notamment des comédies de mœurs.

reese, snider, campanella, robinson, hodges, furillo, podres, newcombe et labine, mieux connus sous le nom des Brooklyn Dodgers. S'ils perdent le championnat du monde de base-ball, je me ferai sauter le caisson et vous, vous serez dans les choux !

Avez-vous le *Voyage en Amérique* de Tocqueville[1] ? Quelqu'un m'a emprunté le mien et ne me l'a jamais rendu. Mais pourquoi donc des gens qui n'auraient jamais l'idée de voler quelque chose d'autre trouvent-ils tout naturel de voler des livres ?

Mon bon souvenir à Megan si elle est toujours là. Qu'est devenue Cecily, est-elle rentrée d'Irak ?

h.h.

1. Charles Alexis Clérel de Tocqueville (1805-1859). Auteur de *De la démocratie en Amérique* (1835-1840).

MARKS & CO., LIBRAIRES
84, Charing Cross Road
Londres, W.C.2

13 décembre 1955

Mademoiselle Helene Hanff
14 East 95th Street
New York 28, NY
USA

Chère Helene,

Je me sens très coupable de ne pas vous avoir écrit plus tôt, mais c'est la faute de cette mauvaise grippe qui m'a tenu éloigné du magasin pendant plus de deux semaines et du brusque surcroît de travail depuis mon retour.

À propos du Catulle de notre catalogue : il était déjà vendu lorsque nous avons reçu votre lettre mais je vous ai envoyé une édition qui comporte le texte latin, sa traduction en vers par Sir Richard Burton ainsi qu'une traduction en prose de Leonard Smithers, imprimée en gros caractères, le tout pour 3,78 dollars. La reliure n'est pas très belle mais l'exemplaire est en bon état. Nous n'avons pas d'édition de Tocqueville mais nous allons en chercher une pour vous.

Megan est toujours ici mais elle envisage d'aller vivre en Afrique du Sud – nous essayons tous de l'en dissuader. Nous n'avons reçu aucune nouvelle de Cecily Farr depuis qu'elle est partie pour le Moyen-Orient rejoindre son mari. Pourtant ils ne devaient y rester qu'un an.

Je serai absolument ravi de soutenir les Brooklyn Dodgers si vous voulez bien me rendre la politesse en encourageant LES SPURS (le Hotspur Football Club de Tottenham, pour les non-initiés), qui pour l'instant se traînent tout en bas du tableau de la première division. Quoi qu'il en soit, la saison ne se termine qu'en avril prochain et ils ont tout le temps de se sortir de ce mauvais pas.

Nora et tous ici se joignent à moi pour vous envoyer nos vœux les meilleurs pour Noël et la Nouvelle Année.

Avec nos sentiments les meilleurs,

Frank Doel

14e. 95th st.
nyc

4 jan. 1956

je me suis cachée sous mon lit pour vous écrire, c'est là que le catulle m'a conduite.

franchement, ça DÉPASSE l'entendement.

Jusqu'à présent, le seul Richard Burton que je connaissais, c'était un jeune et beau garçon que j'ai vu jouer dans deux ou trois films britanniques. J'aurais préféré m'en tenir là. Le vôtre a été anobli pour avoir transformé Catulle – caTULLe – en mièvreries victoriennes.

quant au pauvre petit m. smithers, il a dû avoir peur que sa mère ne le lise et il se donne un mal FOU pour l'expurger à fond.

enfin, disons que vous allez me trouver un beau Catulle en latin tout simplement, je me suis acheté un dictionnaire Cassel, je me débrouillerai moi-même pour les passages difficiles.

POUVEZ-VOUS DIRE À MEGAN WELLS QU'ELLE EST COMPLÈTEMENT DINGO ? si la civilisation l'ennuie tellement pourquoi ne va-t-elle pas s'installer tout simplement dans une mine de sel en Sibérie ?

bien sûr, bien sûr, je serai ravie de soutenir les Hotspur ou tout ce qui y ressemble.

J'ai mis de l'argent de côté à la caisse d'épargne en prévision de l'été prochain : si la télé continue à me nourrir jusque-là, je réussirai finalement à aller en Angleterre. Je veux voir la cathédrale Saint-Paul, le Parlement, la Tour de Londres, Covent Garden, l'Old Vic et la Vieille Mme Boulton.

je joins un billet de dix dollars pour ce truc, ce catulle relié en toile blanche – avec des signets de soie blanche en plus ! frankie, où TROUVEZ-vous des trucs pareils ?!

hh

16 mars 1956

Mademoiselle Helene Hanff
14 East 95th Street
New York 28, NY
USA

Chère Helene,

Je suis désolé de n'avoir pas écrit depuis si long-temps, mais jusqu'à aujourd'hui nous n'avions rien à vous envoyer, de plus il m'a semblé préférable et même convenable de laisser passer un certain temps avant de vous écrire de nouveau après l'incident du Catulle.

Nous avons finalement réussi à trouver une très jolie édition de *Tristram Shandy* avec des illustrations de Robb (prix indicatif : 2,75 dollars). Nous avons aussi acheté un exemplaire des *Quatre Dialogues socratiques* de Platon dans la traduction de Benjamin Jowett, Oxford, 1903. Souhaiteriez-vous l'acquérir pour 1 dollar ? Votre compte chez nous est créditeur de 1,22 dollar, vous ne nous devriez donc plus que 2,53 dollars pour les deux ouvrages.

Nous attendons votre décision à propos de votre visite en Angleterre l'été prochain. Nos deux filles sont pensionnaires, aussi pourrez-vous choisir votre chambre au 37 Oakfield Court. Je suis au regret de vous dire que Mme Boulton est maintenant en maison de retraite, son départ a été bien triste mais au moins on s'occupera d'elle là-bas.

Je vous prie d'agréer l'expression de nos sentiments les meilleurs.

Frank Doel

1er juin 1956

Cher Frank :

Brian m'a fait découvrir le livre de Kenneth Grahame *Le Vent dans les saules* et il me le faut absolument – avec les illustrations de Shepard, s'il vous plaît – mais NE LE POSTEZ PAS, METTEZ-LE JUSTE DE CÔTÉ POUR MOI JUSQU'EN SEPTEMBRE, alors seulement vous le posterez à ma nouvelle adresse.

Le ciel nous est tombé sur la tête, à nous les locataires de ce confortable immeuble en grès brun : nous avons reçu des avis d'expulsion le mois dernier – ils rénovent le bâtiment.

J'ai décidé qu'il était grand temps d'avoir un vrai appartement avec de vrais meubles. C'est donc en possession de toutes mes facultés mais en tremblant comme une feuille que je suis allée visiter le chantier d'un nouvel immeuble en construction sur la 2e Avenue et que j'ai signé un bail pour un studio qui n'existe même pas encore.

Depuis, je cours partout pour acheter des meubles, des bibliothèques, de la moquette. Tout l'argent que j'avais économisé pour aller en Angleterre va y passer, mais j'ai toujours été coincée toute ma vie dans ces meublés minables avec des cuisines pleines de cafards et j'ai envie de vivre comme une dame, même s'il faut pour ça repousser le voyage en Angleterre jusqu'à la fin des remboursements.

En attendant, le propriétaire trouve que nous ne déguerpissons pas assez vite et il nous encourage en renvoyant le concierge, comme ça il n'y a plus personne pour nous donner de l'eau chaude ou sortir les poubelles ; il a aussi fait démolir les boîtes aux lettres, l'éclairage dans le vestibule et, par exemple, cette semaine le mur entre ma cuisine et ma salle de bains. tout cela plus la complète déconfiture des Dodgers à laquelle j'ai assisté... « personne ne peut savoir les tristes choses que j'ai vues [1] ».

Oh, j'oubliais, la nouvelle adresse :

APRÈS LE 1ER SEPTEMBRE :
305 E. 72nd St., New York, NY 21

---

1. « *Nobody knows the trouble I see...* », paroles d'un negro spiritual.

3 mai 1957

Mademoiselle Helene Hanff
305 East 72nd Street
New York 21, NY
USA

Chère Helene,

Préparez-vous à un choc. LES TROIS livres que vous avez demandés dans votre dernière lettre vous ont déjà été expédiés et devraient vous parvenir dans une semaine environ. Ne me demandez pas comment nous avons réussi ça – cela fait tout simplement partie du service de chez Marks. Notre facture est jointe, pour un montant de 5 dollars.

Deux de vos amis (un jeune couple très charmant dont le nom m'échappe pour l'instant) nous ont rendu visite à l'improviste il y a quelques jours. Malheureusement ils n'ont pas pu rester plus de dix minutes car ils devaient repartir pour poursuivre leur voyage le lendemain matin.

Cette année, il semble qu'il y ait plus de touristes américains que jamais, y compris des hommes de loi qui se déplacent partout avec un grand badge épinglé à leur revers, portant leur nom et celui de la ville d'où ils viennent. Ils ont tous l'air d'apprécier beaucoup leur séjour, il faut vraiment que vous réussissiez à venir l'an prochain.

Avec les amitiés de tout le monde ici,

Frank

———————————————

Tu aurais pu nous prévenir ! Nous sommes entrés dans ta fameuse librairie, nous avons dit que nous étions de tes amis et nous avons failli périr étouffés. Ton cher Frank voulait nous inviter chez lui pour le week-end. M. Marks est sorti de l'arrière-boutique juste pour serrer la main d'amis-de-Mademoiselle-Hanff ; tout le monde voulait nous inviter à boire un verre, à dîner et nous avons eu bien du mal à en sortir vivants.

On a pensé que tu aimerais voir la maison natale de ton William chéri.

On continue vers Paris puis Copenhague et on sera de retour à la maison le 13.

Bises,

Ginny et Ed

———————————————

10 janvier 1958

Salut, Frankie –

Dites donc à Nora de mettre à jour son carnet d'adresses, votre carte de Noël vient juste de me parvenir, elle l'avait envoyée au 14 e. 95ᵉ rue.

Sais pas si je vous ai dit combien j'adore le *Tristram Shandy* ; les illustrations de Robb sont délicieuses, l'Oncle Toby aurait été ravi. Bon, vous trouverez au dos une liste d'autres Classiques Macdonald illustrés incluant les *Essais d'Elia*[1]. J'aimerais beaucoup les avoir en édition Macdonald – ou une autre jolie édition. Si le prix est Raisonnable, bien sûr. De nos jours, plus rien n'est bon marché, on parle de « prix raisonnable » ou « justifié ». En face de chez moi, de l'autre côté de la rue, il y a un immeuble en construction avec un panneau qui dit :

> « Appartements 1 ou 2 pièces
> Loyers justifiés. »

Mais les loyers ne sont PAS justifiés. Et dans aucun domaine les prix ne restent là, sans bouger, raisonnables, en dépit de ce que raconte cette réclame – on ne dit plus réclame, d'ailleurs, mais Publicité.

---

1. Charles Lamb (1775-1834). Il publia dans le *London Magazine* une série d'essais qu'il signait du pseudonyme Elia et qui furent rassemblés en un volume, *The Essays of Elia* (1823 et 1833).

111

au fur et à mesure que j'avance en âge, j'assiste à un véritable viol de la langue anglaise. comme miniver cheevy, je suis née trop tard.

et comme miniver cheevy je toussote, je dis que c'est le destin et je continue à boire.

hh

p.-s. qu'est-il arrivé aux petits dialogues de platon ?

MARKS & CO., LIBRAIRES
84, Charing Cross Road
Londres, W.C.2

11 mars 1958

Mademoiselle Helene Hanff
305 East 72nd Street
New York 21, New York
USA

Chère Helene,

Excusez-moi d'avoir été si long à répondre à votre dernière lettre, mais nous avons été plutôt bousculés, ici, ces derniers temps. Nora est hospitalisée depuis plusieurs mois et j'ai eu beaucoup à faire à la maison. Elle est presque guérie maintenant et rentrera à la maison dans une semaine environ. Ça a été une période difficile pour nous mais heureusement grâce à la sécurité sociale ça ne nous a pas coûté un sou.

À propos des Classiques Macdonald, nous en avons quelques-uns de temps en temps, mais pas en ce moment. Nous avions plusieurs exemplaires des *Essais d'Elia* il y a quelque temps mais ils sont partis très vite à l'occasion des fêtes. La semaine prochaine, je pars en tournée d'achat et je vous en chercherai un exemplaire. Sans oublier le Platon.

Nous espérons tous que vous avez passé de bonnes fêtes et les filles vous prient de les excuser pour avoir envoyé leur carte de Noël à l'ancienne adresse.

Salutations distinguées,

Frank

37 Oakfield Court
Haslemere Road
Crouch End
Londres, N.8

7 mai 1958

Chère Helene,

Je dois vous remercier pour vos deux lettres et aussi pour votre offre, mais vraiment nous n'avons besoin de rien. J'aimerais que nous soyons propriétaires de notre propre librairie, nous pourrions alors vous envoyer quelques livres pour vous remercier de votre gentillesse.

Je joins quelques photos récentes de ma petite famille, elles ne sont pas très bonnes mais il semble que nous ayons donné toutes les meilleures à des parents. Vous remarquerez sans doute comme Sheila et Mary se ressemblent. C'est très frappant. Frank dit que Mary, en grandissant, est exactement comme Sheila au même âge. La mère de Sheila était galloise et moi je viens de l'île d'Émeraude, les filles doivent toutes les deux ressembler à Frank mais elles sont beaucoup plus jolies que lui, même si bien sûr il ne veut pas l'admettre !

Si vous saviez comme je déteste écrire vous auriez pitié de moi. Frank dit que pour quelqu'un qui a la langue si bien pendue je fais piètre figure par écrit.

Merci encore pour vos lettres. Amitiés.

Dieu vous bénisse !

Nora

MARKS & CO., LIBRAIRES
84, Charing Cross Road
Londres, W.C.2

18 mars 1959

Mademoiselle Helene Hanff
305 East 72nd Street
New York 21, New York
USA

Chère Helene,

Je ne sais pas très bien comment vous annoncer la mauvaise nouvelle, mais deux jours après que je vous eus proposé le *Shorter Oxford Dictionary* pour votre ami, un client est entré et l'a acheté pendant que j'avais le dos tourné. J'ai attendu un peu pour vous répondre dans l'espoir qu'un autre exemplaire ferait son apparition, mais jusqu'à présent nous n'avons pas eu de chance. Je suis absolument désolé de décevoir votre ami, vous pouvez rejeter la responsabilité entièrement sur moi, j'aurais vraiment dû le réserver.

Nous vous envoyons aujourd'hui par messagerie l'ouvrage de Johnson sur Shakespeare, que nous nous trouvons avoir en stock dans l'édition Oxford Press, avec une introduction de Walter Raleigh. Il ne coûte que 1,05 dollar et l'avoir de votre compte était plus que suffisant pour couvrir cette somme.

Nous sommes désolés d'apprendre que vos émissions télévisées ont été transférées à Hollywood et que l'été prochain nous amènera encore des quantités de touristes américains mais pas la seule que nous voudrions voir. Je comprends bien que vous refusiez de quitter New York pour aller en Californie du Sud. Nous croisons les doigts pour vous porter chance et espérons que vous allez bientôt trouver du travail d'une manière ou d'une autre.

Avec nos sentiments les meilleurs,

Frank

15 août 1959

monsieur :

je vous écris pour vous dire que j'ai trouvé du travail.

je l'ai gagnée. j'ai gagné une bourse d'aide à la création de 5 000 dollars accordée par CBS. elle est censée me permettre de vivre un an, que je consacrerai à l'écriture de dramatiques sur l'histoire américaine. Mon premier script traitera de l'histoire de New York pendant sept années d'occupation britannique. À ce propos, je m'ÉMERVEILLE d'être capable de m'élever au-dessus de tout cela pour vous parler amicalement et sans rancune parce que votre comportement en Amérique, entre 1776 et 1783, a été tout simplement RÉPUGNANT.

Existe-t-il une espèce de version modernisée des *Contes de Canterbury*[1] ? Je me sens coupable de n'avoir jamais lu Chaucer, mais une amie qui a dû l'étudier pour son Ph. D. m'a dissuadée d'apprendre le vieil anglais et le moyen anglais. Elle, elle a eu à écrire un essai en vieil anglais sur un sujet de son choix.

---

1. Geoffrey Chaucer (1340-1400). Poète anglais, traducteur du *Roman de la rose*, grand connaisseur de la poésie italienne, dont l'œuvre maîtresse, *Les Contes de Canterbury (Cantorbery Tales)*, présente une véritable fresque de la société anglaise de l'époque ; cette œuvre doit également son importance au fait qu'elle fut écrite dans le dialecte de Londres, qui deviendra la langue nationale.

« C'est bien joli tout ça, disait-elle amèrement, mais le seul sujet d'essai sur lequel on puisse trouver assez de vocabulaire en vieil anglais est "Comment massacrer mille hommes dans une salle de banquet". »

Elle m'en a aussi bouché un coin sur Beowulf[1] et son fils illégitime Sidwith (ou est-ce Widsith[2] ?). elle dit que ça ne vaut pas la peine de le lire, ce qui m'a dégoûtée de l'ensemble du sujet. Envoyez-moi seulement un Chaucer modernisé.

bises à nora.

hh

---

1. *Beowulf*. Épopée rédigée entre le VIIIe et le Xe siècle mais se référant à des guerres survenues au début du VIe siècle entre tribus germaniques (victoire des Francs sur les Goths) dans le sud de la Scandinavie ainsi qu'à des légendes de ces mêmes peuples. Le héros en est le guerrier Beowulf. Texte écrit en vieil anglais, dialecte germanique.

2. *Widsith*. Poème en vieil anglais qui évoque la vie d'un poète errant de cour en cour. Widsith n'est pas le fils de Beowulf.

MARKS & CO., LIBRAIRES
84, Charing Cross Road
Londres, W.C.2

2 septembre 1959

Mademoiselle Helene Hanff
305 East 72nd Street
New York 21, New York
USA

Chère Helene,

Nous avons tous été ravis d'apprendre que vous aviez gagné une bourse d'aide à la création et que vous avez de nouveau du travail. Nous sommes tout prêts à avoir l'esprit large à propos du choix de votre sujet, mais je dois vous avouer qu'un de nos jeunes collaborateurs a confessé qu'avant d'avoir lu votre lettre il ne savait pas du tout que l'Angleterre avait autrefois possédé les « States ».

En ce qui concerne Chaucer, les meilleurs spécialistes ont apparemment répugné à le traduire en anglais moderne, cependant Longmans a sorti en 1934 une édition des *Contes de Canterbury* ; c'est une version modernisée par Hill, qui est, je crois, plutôt bonne. Elle est (bien sûr !) épuisée et je m'efforce d'en trouver un bon exemplaire d'occasion.

Meilleurs sentiments,

Frank

> *dimanche soir – quelle fichue*
> *manière de commencer*
> *l'année 1960.*

je ne sais pas, frankie –

Quelqu'un m'a offert ce livre pour Noël. C'est un livre de la collection Giant Modern Library. Vous en avez déjà vu ? La reliure est plus rébarbative que celle des Actes de l'assemblée de l'État de New York et ça pèse encore plus lourd. Il m'a été offert par un type qui sait que j'aime beaucoup John Donne. Le titre du livre est :

Œuvres poétiques complètes
&
Choix d'œuvres en prose
de
JOHN DONNE
&
Œuvres poétiques complètes
de
WILLIAM BLAKE ?

C'est moi qui ai ajouté le point d'interrogation. Pourriez-vous me dire ce que ces deux gars-là ont en commun ? en dehors du fait que tous les deux étaient anglais et écrivains ? J'ai essayé de lire l'Introduction dans l'espoir qu'elle apporterait une explication. L'Introduction est en quatre parties. Les parties I et II comprennent une vie de Donne écrite par un Professeur, avec des illustrations tirées des œuvres de l'auteur ainsi que de la critique. La partie III commence ainsi (je cite exactement, je le jure devant Dieu) :

« Lorsque William Blake, qui n'était alors qu'un enfant, vit le prophète Ézéchiel sous un arbre au milieu d'un champ en été, sa mère le tança vertement. »

Je suis tout à fait d'accord avec sa mère. Voir le dos du Seigneur [1] ou le visage de la Vierge Marie, je veux bien, mais qui diable voudrait voir le prophète Ézéchiel [2] ?

De toute façon, je n'aime pas Blake, il a trop de vapeurs. C'est sur Donne que j'écris, et on est en train de me rendre complètement folle, Frankie, vous DEVEZ m'aider.

J'étais là, bien tranquille, pelotonnée dans mon fauteuil, avec la radio qui diffusait une musique ancienne pleine de sérénité (du Corelli ou quelqu'un comme ça) et sur la table il y avait ce truc. Ce truc de la Giant Modern Library. Alors je me suis dit :

« Je vais lire à haute voix trois passages très connus du Sermon XV », il faut lire Donne à haute voix, c'est comme une fugue de Bach.

Et vous voulez savoir ce que j'ai enduré simplement

---

1. Cf. Exode, 33, 18-23. Moïse demande à Yahvé la grâce de voir sa gloire. Yahvé répond : « Tu ne peux pas voir ma face car l'homme ne peut me voir et demeurer en vie... tu me verras de dos. »

2. Ézéchiel : prophète biblique qui exerça son ministère parmi les déportés juifs de Babylone (598-571 av. J.-C.).

en essayant innocemment de lire à haute voix trois passages consécutifs et sans coupure du Sermon XV ?

On commence avec la version de la Giant Modern Library, on repère le Sermon XV et on trouve les Extraits I, II et III. Seulement quand on arrive à la fin de l'Extrait I, on s'aperçoit qu'ils ont supprimé Jézabel. On se rabat alors sur les *Sermons* de Donne, Morceaux Choisis (Logan Pearsall Smith), on passe vingt minutes à repérer le Sermon XV, Extrait I, parce que dans Logan Pearsall Smith ça ne s'appelle pas Sermon XV, Extrait I, mais Morceau *126 : Tous les hommes sont mortels*. Quand on l'a trouvé, on découvre que là aussi Jézabel a été supprimée, alors on se rabat sur les *Œuvres poétiques complètes et le Choix d'œuvres en prose* (Nonesuch Press) mais là non plus Jézabel n'a pas été retenue, alors on se rabat sur l'*Anthologie d'Oxford de la prose anglaise*, où on passe encore vingt minutes à trouver le passage parce que dans l'*Anthologie d'Oxford de la prose anglaise* ce n'est pas le Sermon XV, Extrait I, ni même le Morceau *126*. *Tous les hommes sont mortels* est le Passage *113 : La Mort niveleuse*. Jézabel est bien là, on lit à haute voix mais quand on arrive à la fin, on s'aperçoit qu'il n'y a pas les Extraits II et III et qu'il faut donc retourner aux trois autres livres, à condition d'avoir été assez malin pour les avoir laissés ouverts à la bonne page (ce que je n'ai pas fait).

Alors dites-moi gentiment la vérité : est-ce qu'il sera très difficile de me trouver les *Sermons* complets de John Donne, et combien cela va-t-il me coûter ?

je vais me coucher, je vais faire d'affreux cauchemars pleins de monstres énormes portant toges de professeur et grands couteaux de boucher tout ensanglantés avec marqué dessus : Extrait, Sélection, Passage, Abrégé.

vôtre,
h. hffffffffffffff

MARKS & CO., LIBRAIRES
84, Charing Cross Road
Londres, W.C.2

5 mars 1960

Mademoiselle Helene Hanff
305 East 72nd Street
New York 21, New York
USA

Chère Helene,

J'ai attendu pour répondre à vos deux dernières lettres d'avoir quelques bonnes nouvelles à vous annoncer. J'ai réussi à trouver un exemplaire de la correspondance entre Bernard Shaw et Ellen Terry. Ce n'est pas une très jolie édition mais c'est un exemplaire en bon état et j'ai pensé que je ferais mieux de vous l'envoyer tout de suite parce que c'est un ouvrage qui a du succès et qui ne se représentera pas de sitôt. Le prix est d'environ 2,65 dollars et votre compte chez nous est créditeur de 50 cents.

Je crains bien qu'on ne puisse avoir les *Sermons* complets de Donne qu'en achetant ses *Œuvres complètes*, ce qui représente 40 volumes et un prix très élevé s'ils sont en bon état.

Nous espérons que vous avez passé de bonnes fêtes de Noël et du nouvel an, en dépit de la Giant Modern Library.

Nora se joint à moi pour vous envoyer tous nos vœux.

Meilleurs sentiments,

Frank

HELENE HANFF   305 East 72nd Street, New York 21, NY

8 mai 1960

M. de Tocqueville vous envoie ses compliments et me prie de vous annoncer qu'il est bien arrivé en Amérique. Il reste assis là, avec un air supérieur parce que tout ce qu'il a dit se révèle exact, en particulier le fait que les hommes de loi sont les maîtres de ce pays. dans le club démocratique auquel j'appartiens, l'autre soir il y avait quatorze hommes dont onze hommes de loi. suis rentrée à la maison et ai lu deux ou trois articles sur les présidentiables : stevenson, humphrey, kennedy, stassen, nixon – tous sont des hommes de loi, sauf humphrey.

Je joins trois dollars, c'est un beau livre et on peut à peine dire que c'est une occasion, les pages n'étaient pas coupées. Vous ai-je dit que j'avais fini par trouver le parfait coupe-papier ? C'est un couteau à fruits à manche de nacre. Ma mère m'en a laissé une douzaine et j'en garde un dans le pot à crayons, sur mon bureau. Peut-être que je ne fréquente pas les gens qu'il faudrait, mais je ne risque pas d'avoir douze invités à la fois à ma table tous en train de manger des fruits.

salut

hh

2 février 1961

Frank ?

Vous êtes toujours là ?

je m'étais juré de ne pas vous écrire avant d'avoir trouvé du travail.

Vendu une nouvelle à *Harper's Magazine*, ai trimé dessus pendant trois semaines et ils m'ont payé ça 200 dollars. Maintenant ils me demandent d'écrire un livre sur l'histoire de ma vie. ils m'« avancent » 1 500 dollars pour l'écrire et ils se figurent que ça ne devrait pas me prendre plus de six mois. Pour moi-même ça m'est égal, mais le propriétaire s'inquiète.

je ne peux donc acheter aucun livre, mais en octobre dernier quelqu'un m'a présenté à Louis, duc de Saint-Simon, dans une version abrégée minable. Je me suis précipitée à la Society Library, où les livres sont en libre accès et où on peut tout emporter chez soi, et là j'ai trouvé le vrai texte. Depuis, je me vautre dans Louis. L'édition que je lis est en six volumes et, la nuit dernière, alors que j'étais au milieu du VIe volume, je me suis aperçue que je ne pouvais pas supPORTER l'idée que lorsque je l'aurai rendu je n'aurai PLUS de louis dans la maison.

La traduction que je lis est de Francis Arkwright et elle est délicieuse, mais toute édition que vous pourrez trouver et que vous recommanderez me conviendra. NE LA POSTEZ PAS ! contentez-vous de l'acheter, faites-moi savoir combien elle coûte et gardez-la, je vous l'achèterai volume par volume.

Espère que Nora et les filles vont bien. Et vous aussi. Et tous ceux qui me connaissent.

Helene

MARKS & CO., LIBRAIRES
84, Charing Cross Road
Londres, W.C.2

15 février 1961

Mademoiselle Helene Hanff
305 East 72nd Street
New York 21, NY

Chère Helene,

Vous aurez plaisir à apprendre que nous avons en stock un exemplaire des *Mémoires du duc de Saint-Simon* dans la traduction d'Arkwright, six volumes joliment reliés et en très bon état. Nous vous les envoyons aujourd'hui et ils devraient arriver au plus tard dans une semaine ou deux. Le prix total est d'environ 18,75 dollars, mais ne vous inquiétez pas, vous n'avez pas à tout payer d'un coup. La maison Marks & Co. vous fera toujours crédit !

Cela a été un plaisir d'avoir de nouveau de vos nouvelles. Nous allons tous bien et espérons toujours vous voir un de ces jours en Angleterre.

Amitiés de nous tous,

Frank

10 mars 1961

Cher Frankie –

Veuillez trouver ci-joint, je vous prie, s'il plaît à Dieu, un billet de 10 dollars. Y a intérêt à ce qu'il vous parvienne car des comme ça il n'en pleut pas beaucoup ici ces derniers temps, mais louis a absolument voulu que je m'acquitte de ma dette le concernant, il en a tellement assez de ceux qu'il a connus à la cour qu'il ne voulait pas s'installer chez un parasite 270 ans plus tard.

J'ai pensé à vous l'autre soir : mon directeur littéraire de chez Harper était ici à dîner, nous parlions de cette histoire-de-ma-vie et nous en sommes venus à raconter comment j'avais fait une dramatique à partir de l'*Ésope et Rhodope*[1] de Landor pour la « Galerie des hommes illustres » sponsorisée par Hallmark. Je ne vous l'ai pas raconté, celle-là ? Le spectacle était

---

1. Rhodope ou Rhodopis. Célèbre courtisane grecque née en Thrace au VIᵉ siècle av. J.-C. Après avoir été, en même temps qu'Ésope, esclave de Jadmon de Samos, elle passa entre les mains d'un nouveau maître qui la conduisit en Égypte, où il lui fit exercer à son profit le métier de courtisane. Charax, frère de Sappho, étant devenu amoureux d'elle, la racheta et lui rendit sa liberté. Elle avait acquis des richesses considérables, et plusieurs écrivains grecs prétendirent qu'elle fit construire la troisième pyramide. Hérodote réfute ce conte. Strabon et Élien racontent qu'un jour où elle se baignait un aigle enleva une de ses sandales, l'emporta dans les airs et la fit tomber sur les genoux du roi d'Égypte. Celui-ci n'eut de repos qu'il eût découvert la personne à qui elle appartenait, et il prit pour femme la belle courtisane grecque.

diffusé un dimanche après-midi. Deux heures avant sa diffusion, j'ouvre le *New York Times Sunday* à la page littéraire et là, en page 3, il y avait un compte rendu d'un livre intitulé *Une maison n'est pas un foyer* de Polly Adler. Ça parlait des bordels, et sous le titre il y avait une photo d'une tête sculptée représentant une jeune fille grecque avec cette légende : « Rhodope, la plus célèbre prostituée de la Grèce ». Landor avait négligé de mentionner ce détail. N'importe quel spécialiste aurait su que la Rhodope de Landor était cette Rhodopis qui avait coûté au frère de Sappho jusqu'à son dernier sou, mais moi je ne suis pas une spécialiste, j'ai appris les déclinaisons grecques avec stoïcisme, un certain hiver, mais elles m'ont abandonnée depuis.

Nous parlions donc de cette anecdote et Gene (mon directeur littéraire) a dit « Qui est Landor ? » Je me suis lancée avec enthousiasme dans une explication, mais Gene a hoché la tête et m'a interrompue avec impatience :

« Toi et tes Vieux Bouquins anglais ! »

Vous voyez, frankie, il n'y a que vous en ce monde pour me comprendre.

Bises

hh

p.-s. Gene est chinoise.

MARKS & CO., LIBRAIRES
84, Charing Cross Road
Londres, W.C.2

14 octobre 1963

Mademoiselle Helene Hanff
305 East 72nd Street
New York 21, NY
USA

Chère Helene,

Vous serez sans doute surprise d'apprendre que les deux volumes du *Lecteur commun* de Virginia Woolf[1] sont en route vers vous. Si vous désirez encore autre chose, je pourrai probablement vous l'avoir avec tout autant de rapidité et d'efficacité.

Nous allons tous bien et suivons, comme toujours, notre petit bonhomme de chemin. Ma fille aînée, Sheila (24 ans), a soudain décidé qu'elle voulait être professeur. Elle a donc abandonné son travail de secrétaire, il y a deux ans, pour aller à l'université. Elle a encore un an à faire. Apparemment, ce n'est pas demain la veille que nos enfants pourront nous entretenir somptueusement !

Amitiés de la part de tout le monde ici,

Frank

---

1. Virginia Woolf (1882-1941). Romancière et critique anglaise.

133

MARKS & CO., LIBRAIRES
84, Charing Cross Road
Londres, W.C.2

9 novembre 1963

Mademoiselle Helene Hanff
305 East 72nd Street
New York 21, New York
USA

Chère Helene,

Il y a quelque temps, vous m'avez demandé une version modernisée des *Contes de Canterbury* de Chaucer. L'autre jour, je suis tombé sur un petit volume dont j'ai pensé qu'il pourrait vous plaire. C'est loin d'être complet, mais ce n'est pas cher et le travail d'édition semble avoir été fait par un spécialiste sérieux. Je vous l'envoie aujourd'hui même par messagerie, au prix de 1,35 dollar. Si cela aiguise votre appétit pour Chaucer et si vous désirez quelque chose de plus complet par la suite, faites-le-moi savoir et je verrai ce que je peux trouver.

Meilleurs sentiments,

Frank

D'accord, mais ça suffit pour le « Chaucer facile », il sent la salle de classe comme les *Récits tirés de Shakespeare* de Lamb[1].

Je suis contente de l'avoir lu. J'ai bien aimé l'histoire de la nonne qui mangeait si délicatement avec les doigts qu'elle ne se faisait jamais une tache de graisse. Je n'ai jamais été capable d'en faire autant et pourtant j'utilise une fourchette ! Y a pas grand-chose d'autre qui m'ait beaucoup intéressée, ce ne sont que des anecdotes et je n'aime pas les anecdotes. Mais si Geoffrey avait tenu son journal et me disait ce que c'était que d'être un petit clerc dans le palais de richard III, alors pour ÇA j'apprendrais le vieil anglais. On m'a offert un livre que j'ai tout simplement mis à la poubelle : c'était une évocation par un quelconque plouc de la vie au temps d'Oliver Cromwell – seulement le plouc il n'a pas VÉCU au temps d'Oliver Cromwell, alors comment diable peut-il savoir comment c'était ? Celui qui veut savoir comment c'était de vivre au temps d'Oliver Cromwell n'a qu'à s'affaler sur son canapé avec Milton[2] pour le camp de Cromwell et Walton[3]

---

1. Charles Lamb (cf. *supra* p. 111). Il publia aussi des récits tirés de Shakespeare : *Tales from Shakespeare*, ouvrage dont le succès a été fort durable, en particulier dans les écoles.

2. John Milton (1608-1674). Le grand poète fut aussi un puritain engagé dans le parti de Cromwell.

3. Izaak Walton (cf. *supra* p. 73). Il appartenait au parti royaliste, qui s'opposait à Cromwell.

pour celui de ses opposants. Ces deux-là non seulement lui diront comment c'était, mais encore le transporteront dans cette époque.

« Le lecteur ne croira pas que de telles choses aient pu se produire, dit Walton quelque part, mais j'y étais et je l'ai vu. »

c'est mon truc, j'adore les livres des témoins oculaires.

je joins deux dollars pour le chaucer, ce qui me laisse un avoir de 65 cents chez vous, ce qui est plus que je n'en ai nulle part ailleurs !

Bises

h

30 mars 1964

Cher Frank –

Je m'interromps un instant dans la rédaction d'un livre d'histoire pour enfants (c'est le quatrième que j'écris, le croiriez-vous ?) pour vous demander si vous pouvez aider un ami. Il a une partie des œuvres de Shaw dans l'Édition Standard (ça s'appelle exactement comme ça, il insiste sur ce point), reliée pleine toile rouille, précise-t-il, si ça peut aider. Je joins une liste de ce qu'il a *déjà*, il veut tous les autres volumes de la collection, mais si vous en avez beaucoup, ne les expédiez pas tous à la fois. Il les achètera un par un, comme moi, il est très pauvre. Envoyez-les-lui directement à l'adresse mentionnée sur la liste : 32e *Avenue* – au cas où vous ne pourriez pas lire.

Avez-vous parfois des nouvelles de Cecily ou de Megan ?

amitiés

helene

MARKS & CO., LIBRAIRES
84, Charing Cross Road
Londres, W.C.2

14 avril 1964

Mademoiselle Helene Hanff
305 East 72nd Street
New York 21, New York
USA

Chère Helene,

À propos du Shaw pour votre ami, l'Édition Standard est toujours disponible chez les éditeurs, elle est reliée en toile rouille, conformément à sa description, et comporte environ 30 volumes, je crois. On trouve rarement des exemplaires d'occasion, mais s'il veut que nous lui en envoyions des exemplaires neufs, nous le ferons volontiers, à raison de trois ou quatre volumes par mois.

Cela fait plusieurs années que nous n'avons eu aucune nouvelle de Cecily Farr. Megan Wells en a eu vite assez de l'Afrique du Sud et elle nous a fait une petite visite, juste le temps de nous permettre de lui dire « on te l'avait bien dit », avant de repartir tenter sa chance en Australie. Elle nous a envoyé une carte de Noël il y a quelques années, mais plus rien ces derniers temps.

Nora et les filles se joignent à moi pour vous envoyer toutes nos amitiés.

Frank

MARKS & CO., LIBRAIRES
84, Charing Cross Road
Londres, W.C.2

4 octobre 1965

Mademoiselle Helene Hanff
305 East 72nd Street
New York 21, New York
USA

Chère Helene,

Cela nous a fait plaisir de recevoir de nouveau de vos nouvelles. Eh oui, nous sommes toujours là, un peu plus vieux, un peu plus occupés mais pas plus riches.

Nous venons juste de réussir à trouver un exemplaire du *Journal d'une dame de province* de E. M. Delafield, dans une édition publiée en 1942 par Macmillan, c'est un exemplaire en bon état, au prix de 2 dollars. Nous vous l'envoyons aujourd'hui même par messagerie, facture jointe.

Nous avons passé un été très agréable avec plus de touristes que jamais, y compris des hordes de jeunes faisant le pèlerinage de Carnaby Street. Nous regardons tout cela sereinement, d'un peu loin, même si je dois avouer que j'aime assez les Beatles. Si seulement leurs fans ne hurlaient pas comme ça !

Nora et les filles vous envoient leurs amitiés.

Frank

30 septembre 1968

Alors, toujours vivants ?

Cela fait quatre ou cinq ans que j'écris des livres pour les enfants sur l'histoire américaine. Je suis complètement accro à ce truc-là et j'ai acheté des livres d'histoire américaine – dans de vilaines éditions américaines reliées en carton, mais il ne me semblait pas que l'on pourrait trouver dans les châteaux d'Angleterre de belles éditions anglaises du compte rendu sténographique établi par James Madison de la Convention constitutionnelle, ou des lettres de T. Jefferson [1] à J. Adams [2] ou autre chose du même genre.

Êtes-vous déjà grand-père ? Dites à Sheila et à Mary que leurs enfants auront droit à un exemplaire de mes *Œuvres complètes pour la jeunesse* en cadeau. C'est ÇA qui devrait leur donner envie de se dépêcher de faire des petits !

Un dimanche où il pleuvait, j'ai fait découvrir *Orgueil et préjugé* à une de mes jeunes amies, maintenant, elle est folle de Jane Austen. Son anniversaire tombe vers l'époque d'Halloween, pourriez-vous me trouver un Jane Austen pour elle ? Si vous avez les

---

1. Thomas Jefferson (1743-1826). Homme politique américain, principal auteur de la Déclaration d'indépendance des États-Unis, vice-président puis président des États-Unis de 1801 à 1809.

2. John Adams (1735-1826). Il fut le deuxième président des États-Unis, de 1797 à 1801.

œuvres complètes, faites-moi savoir combien ça coûte, si c'est cher, je lui en offrirai une moitié et lui ferai offrir l'autre par son mari.

Amitiés à Nora et à tout le monde au magasin.

Helene

MARKS & CO., LIBRAIRES
84, Charing Cross Road
Londres, W.C.2

16 octobre 1968

Mademoiselle Helene Hanff
305 East 72nd Street
New York, NY 10021
USA

Chère Helene,

Eh oui, nous sommes tous vivants et en bonne santé bien qu'un peu épuisés par un été trépidant, avec des hordes de touristes venus d'Amérique, de France, de Scandinavie, etc., qui ont tous acheté nos beaux livres reliés pleine peau. En conséquence, notre stock est, pour le moment, en piteux état : il y a peu de livres, les prix sont élevés, ce qui nous laisse peu d'espoir de trouver un Jane Austen à temps pour l'anniversaire de votre amie. Peut-être pourrions-nous lui en trouver un pour Noël.

Nora et les filles vont bien. Sheila est professeur, Mary est fiancée à un très gentil garçon, mais ils n'envisagent pas de se marier de sitôt parce qu'ils n'ont d'argent ni l'un ni l'autre ! Nora qui espérait devenir une grand-mère séduisante voit ses espoirs s'évanouir.

Amitiés,

Frank

143

8 janvier 1969

Mademoiselle H. Hanff
305 E. 72nd Street
NY 10021
USA

Mademoiselle,

Je viens juste de trouver par hasard votre lettre du 30 septembre dernier adressée à M. Doel et j'ai le grand regret de vous annoncer qu'il est décédé le dimanche 22 décembre, l'enterrement a eu lieu la semaine dernière, le mercredi 1er janvier.

Il avait été transporté d'urgence à l'hôpital le 15 décembre et opéré à chaud pour une appendicite aiguë, malheureusement la péritonite s'est déclarée et il est mort sept jours plus tard.

Il était dans la maison depuis plus de quarante ans et, bien sûr, sa mort a été un terrible choc pour M. Cohen, d'autant plus qu'elle intervient si peu de temps après la mort de M. Marks.

Voulez-vous toujours que nous recherchions pour vous les Jane Austen ?

Veuillez agréer, mademoiselle, l'expression de notre considération distinguée.

p/o MARKS & CO.
Joan Todd (Mme)
Secrétaire

Chère Helene,

Merci pour votre bonne lettre dans laquelle absolument rien ne m'offense. J'aurais simplement aimé que vous connaissiez Frank personnellement, c'était l'homme le plus équilibré qui fût, il avait un merveilleux sens de l'humour et, c'est maintenant que je m'en rends compte, tellement de modestie. J'ai reçu des lettres de partout qui lui rendaient hommage, et dans le métier de la librairie il y a beaucoup de gens pour dire qu'il était vraiment une autorité et faisait gentiment profiter de ses connaissances tous ceux qui le désiraient. Si vous voulez, je pourrais vous envoyer ces lettres.

Je peux bien vous le dire maintenant, il y a eu des moments où j'ai été très jalouse de vous parce que Frank aimait tellement vos lettres, qui révélaient, pour la plupart, un sens de l'humour si semblable au sien. J'ai aussi envié votre talent d'écrivain. Frank et moi étions extrêmement différents : lui était si gentil, si doux et moi, avec mes origines irlandaises, j'étais toujours en train de me battre pour faire respecter mes droits. Il me manque tellement, la vie était si intéressante lorsqu'il était là pour tout expliquer et essayer de m'apprendre quelque chose sur les livres. Mes filles sont merveilleuses et en cela j'ai beaucoup de chance.

Je suppose que beaucoup de femmes dans ma situation sont totalement seules. Excusez l'écriture.

Je vous embrasse,

Nora

J'espère que vous viendrez un jour nous rendre visite, les filles adoreraient faire votre connaissance.

Chère Katherine –

Je m'interromps un instant dans le ménage de ma bibliothèque pour m'asseoir sur le tapis au milieu des livres en désordre et te griffonner un petit mot pour vous souhaiter Bon Voyage. J'espère que Brian et toi prendrez votre pied à Londres. Il m'a dit au téléphone : « Ça vous plairait de venir avec nous si vous aviez de quoi payer la traversée ? » et j'en ai presque pleuré.

Mais je ne sais pas, c'est peut-être aussi bien que je n'y aille jamais. Ça fait tellement d'années que j'en rêve. J'allais voir des films anglais rien que pour regarder les rues. Je me souviens, il y a des années, un type que je connaissais m'a dit que les gens qui vont en Angleterre y trouvent exactement ce qu'ils sont venus y chercher. Je lui ai dit que j'irai y chercher l'Angleterre de la littérature anglaise, il a hoché la tête et il a dit : « Elle y est bien. »

Peut-être qu'elle y est, peut-être pas. En tout cas, quand je regarde sur mon tapis je suis sûre d'une chose : elle est bien ici.

L'homme – béni soit-il – qui m'a vendu tous mes livres est mort il y a quelques mois. Et M. Marks, le propriétaire du magasin, est mort. Mais Marks & CO. est toujours là. Si par hasard vous passez devant le 84 Charing Cross Road, embrassez-le pour moi ! Je lui dois tant !

Helene

Épilogue

octobre 1969

Chère Helene,

Voici votre correspondant nº 3 dans la famille Doel !
Tout d'abord, permettez-moi de vous prier de m'excuser pour ce long silence. Nous avons souvent pensé à
vous, croyez-moi, mais il semble que nous n'ayons
jamais pris la peine de coucher ces pensées sur le
papier. Et puis aujourd'hui nous avons reçu votre
deuxième lettre et nous avons eu tellement honte que
nous écrivons immédiatement.

Nous sommes contentes d'apprendre que vous pro-
jetez d'écrire un livre et nous vous donnons très volontiers la permission de publier les lettres.

Nous habitons maintenant dans notre charmante
nouvelle maison. Nous aimons cette maison, sommes
très heureuses d'avoir déménagé et pensons souvent
que mon père l'aurait aimée.

Les regrets sont futiles. Mon père n'a jamais été ni
riche ni puissant mais il a été heureux et content de
son sort. Et nous en sommes bien heureuses.

Nous avons toutes des vies très occupées – ce qui
n'est peut-être pas plus mal. Mary travaille dur à la
bibliothèque de l'université et pour se détendre elle
participe à des rallyes automobiles qui durent toute la
nuit. Je fais des études en vue d'une licence tout en

enseignant à temps complet, quant à Maman, elle n'arrête jamais ! Je crains que nous ne soyons donc de bien mauvaises correspondantes – même si nous sommes toujours ravies de recevoir des lettres. Cependant, nous essaierons d'écrire quand nous le pourrons, si cela vous convient, et attendrons de vos nouvelles avec impatience.

Bien à vous,

Sheila

Postface

C'est par la plus pure des coïncidences que les lettres que l'on vient de lire sont devenues un livre, puis plus tard une pièce de théâtre et un film.

Helene Hanff naît en 1916, à Philadelphie, dans une famille récemment émigrée et encore très démunie. Pendant la grande dépression, luxe extraordinaire, elle va régulièrement au théâtre. Son père, en effet, pour satisfaire une ancienne passion, réussit astucieusement à échanger chaque semaine les chemises dont il fait péniblement commerce contre des places pour les grands spectacles du moment.

À vingt ans, Helene Hanff décide naturellement d'écrire des pièces de théâtre et gagne deux ans plus tard une bourse qui lui permet de s'installer à Manhattan. Mais si elle est d'abord la protégée d'une des coproductrices de la Theater Guild, elle sombre rapidement dans la misère, écrivant des dizaines de pièces sans que jamais personne s'offre de les produire.

« J'inventais de bons dialogues, mais j'étais incapable de sortir l'*histoire* qui aurait pu me sauver », raconte-t-elle en 1982 au *New York Times*. Elle réussit finalement à survivre comme scénariste pour la télévision américaine.

Dès 1949, et malgré ses infortunes d'écrivain dramatique, elle décide de rattraper les années d'études qu'elle n'a jamais pu faire et d'acquérir, sans professeurs, une vraie culture classique. C'est dans ces circonstances, après des recherches infructueuses sur les rayonnages décevants des grandes librairies américaines, qu'elle découvre la petite annonce de Marks & Co et adresse aussitôt, au 84, Charing Cross Road, la première de ses lettres. La correspondance, on le sait, durera vingt ans, remplissant ses tiroirs de façon plutôt inhabituelle.

En 1969, Helene Hanff imagine que cette curieuse correspondance pourrait donner, pour la presse, une de ces jolies nouvelles typiquement new-yorkaises. Mais elle se décourage quand elle s'aperçoit que les lettres mises bout à bout forment un manuscrit trop long pour les présenter à une revue. Elle les confie alors à un ami qui, au lieu de les relire et de les abréger, les propose immédiatement à un éditeur. Le même après-midi, l'éditeur en personne appelle Helene Hanff et lui annonce : « Nous publions *84, Charing Cross Road*. » Elle lui demande, surprise : « Mais sous quelle forme ? – Sous forme de livre, pourquoi ! réplique-t-il. – Vous êtes fou ! » s'exclame-t-elle.

Quelques mois plus tard, *84, Charing Cross Road* est un succès et Helene Hanff gagne d'un coup la reconnaissance qu'une vie de travail acharné ne lui avait pas une seule fois offerte. Des milliers de lecteurs lui écrivent, le livre connaît un immense retentissement. C'est la *success story* si chère aux Américains.

Grâce à la sortie du livre en Angleterre, en 1971, elle peut, pour la première fois, se rendre à Londres. Enchantée par le romantisme d'un pays qui n'avait cessé de nourrir ses rêveries new-yorkaises, elle doit, devant le 84, Charing Cross Road, admettre douloureusement qu'elle a manqué le plus important de ses rendez-vous : Frank Doel est mort et la librairie Marks & Co est fermée pour toujours...

Heureusement, le succès continue et Helene Hanff revient souvent en Angleterre. En 1975, la BBC tourne un téléfilm d'après son livre, tandis que, des deux côtés de l'Atlantique, on se bat pour les droits théâtraux. L'adaptation de James Roose-Evans triomphe à Londres, en 1981, à l'Ambassadors Theatre ; puis à New York, en 1982, au Nederlander Theatre sur Broadway.

Mais le temps a passé et pour Helene Hanff les choses ont un peu changé. La veille de la première, elle confie au journaliste du *New York Times* qui l'interroge : « Je me sens assez détachée, c'est un peu comme si ce qui se passait n'avait rien à voir avec moi. Comme je n'ai pas participé à l'adaptation, j'ai un peu de mal à croire à tout cela. » En riant, elle ajoute tristement : « Et vous, vous y croiriez ? J'ai passé vingt ans à écrire des pièces que personne n'a jamais voulu produire et voilà qu'au moment où je suis sur le point de prendre ma retraite, quelqu'un fait soudain un spectacle à partir d'une correspondance que j'ai écrite il y a maintenant trente ans. »

En 1987, c'est au tour du cinéma de s'emparer de *84, Charing Cross Road*, avec une superbe distribution ; David Jones dirige Anne Bancroft et Anthony Hopkins dans les rôles d'Helene Hanff et de Frank Doel. On dit alors que c'est le plus beau film sur les livres, peut-être le seul jamais réussi. Un journaliste de *Newsweek*, à la sortie du film, déclare : « *84, Charing Cross Road* fait partie de ces livres culte que l'on se prête entre amis, transformant ses lecteurs en autant de membres d'une même société secrète. »

Helene Hanff, quant à elle, continue à vivre paisiblement dans son studio de la 72e Rue Est où les trésors bibliophiliques de Marks & Co recouvrent un mur entier du sol au plafond. Au milieu de sa bibliothèque trône l'enseigne de la librairie dérobée pour elle par l'un de ses admirateurs. « Ce qui m'est arrivé ces dix dernières années est proprement incroyable. Des fans, à travers le monde entier, me considèrent comme une amie ! À Londres, pour les quelques lettres que j'ai écrites, il y a, à l'emplacement de la librairie, une plaque de cuivre avec mon nom dessus ! Si je reste convaincue que je suis un écrivain sans culture, ni beaucoup de talent, j'ai tout de même aujourd'hui une plaque qui m'est dédiée sur l'un des murs de Londres ! Qui donc oserait rêver une histoire pareille ? »

Les années 1990 voient Helene Hanff subsister difficilement avec ses seuls droits d'auteur. Elle qui disait qu'un écrivain ne peut jamais, d'un mois à l'autre, dire comment il payera son loyer, meurt sans un sou à l'âge de quatre-vingts ans, dans une maison de retraite de Manhattan. Sans héritier direct, elle abandonne pourtant des milliers de lecteurs à sa passion si subtile pour le 84, Charing Cross Road.

Thomas Simonnet

Composition réalisée par IGS Charente-Photogravure

Imprimé en France sur Presse Offset par

BRODARD & TAUPIN

GROUPE CPI

La Flèche (Sarthe).
N° d'imprimeur : 25693 – Dépôt légal Éditeur 51331-12/2004
Édition 04
LIBRAIRIE GÉNÉRALE FRANÇAISE - 31, rue de Fleurus - 75278 Paris cedex 06.
ISBN : 2 - 253 - 15575 - 6